郭立田 著

康德

《判断力批判》文本解读

黑龙江大学出版社
HEILONGJIANG UNIVERSITY PRESS

图书在版编目（CIP）数据

康德《判断力批判》文本解读 / 郭立田著 . -- 哈尔滨 ： 黑龙江大学出版社，2016.7（2021.9 重印）

ISBN 978-7-5686-0017-0

Ⅰ．①康… Ⅱ．①郭… Ⅲ．①康德，I.（1724-1804）－德国古典哲学－研究 Ⅳ．① B516.31

中国版本图书馆 CIP 数据核字（2016）第 129296 号

康德《判断力批判》文本解读
KANGDE《PANDUANLI PIPAN》WENBEN JIEDU

郭立田　著

责任编辑　林召霞

出版发行　黑龙江大学出版社

地　　址　哈尔滨市南岗区学府三道街 36 号

印　　刷　三河市春园印刷有限公司

开　　本　720 毫米 ×1000 毫米　1/16

印　　张　14.5

字　　数　161 千

版　　次　2016 年 7 月第 1 版

印　　次　2022 年 3 月第 2 次印刷

书　　号　ISBN 978-7-5686-0017-0

定　　价　43.00 元

目　录

引　论 ⋯⋯⋯⋯⋯⋯⋯⋯⋯⋯⋯⋯⋯⋯⋯⋯⋯⋯⋯⋯⋯⋯⋯⋯⋯⋯　1

一、前言：康德美学的人本主义性质及其在西方美学史上的

　　地位 ⋯⋯⋯⋯⋯⋯⋯⋯⋯⋯⋯⋯⋯⋯⋯⋯⋯⋯⋯⋯⋯⋯⋯⋯　1

二、序言、导言与参考图 ⋯⋯⋯⋯⋯⋯⋯⋯⋯⋯⋯⋯⋯⋯⋯⋯⋯　9

三、审美判断力与想象力（作为总提示）⋯⋯⋯⋯⋯⋯⋯⋯⋯⋯　42

上卷　审美判断力批判

第一章　美的分析论（鉴赏判断的四个契机

　　　　和美的四个定义）⋯⋯⋯⋯⋯⋯⋯⋯⋯⋯⋯⋯⋯⋯⋯⋯　49

第二章　崇高的分析论（数学的崇高与力学的崇高及其定义）

　　　　（节录）⋯⋯⋯⋯⋯⋯⋯⋯⋯⋯⋯⋯⋯⋯⋯⋯⋯⋯⋯　99

第三章　纯粹审美判断的演绎［关于美的艺术与天才］⋯⋯⋯⋯　126

第四章　审美判断力的辩证论（摘要）⋯⋯⋯⋯⋯⋯⋯⋯⋯⋯　144

下卷　目的论判断力批判

第五章　目的论判断力分析论（摘介）⋯⋯⋯⋯⋯⋯⋯⋯⋯⋯　151

第六章　目的论判断力的辩证论（简介）⋯⋯⋯⋯⋯⋯⋯⋯⋯　168

第七章　目的论判断力的方法论（简介）⋯⋯⋯⋯⋯⋯⋯⋯⋯　176

附　录　康德的三批判书（简介）⋯⋯⋯⋯⋯⋯⋯⋯⋯⋯⋯⋯　187

主要参考文献 ⋯⋯⋯⋯⋯⋯⋯⋯⋯⋯⋯⋯⋯⋯⋯⋯⋯⋯⋯⋯⋯　227

后　记 ⋯⋯⋯⋯⋯⋯⋯⋯⋯⋯⋯⋯⋯⋯⋯⋯⋯⋯⋯⋯⋯⋯⋯⋯　229

引　　论

一、前言：康德美学的人本主义性质及其在西方美学史上的地位

《判断力批判》是康德的三批判书之一，是一部美学专著，其艰深难懂的程度并不亚于前两本批判书——《纯粹理性批判》与《实践理性批判》。本人出版《康德〈判断力批判〉文本解读》（以下简称《解读》）的用意是引导初学者读懂文本，包括文本的观点、概念内涵和篇章结构。至于章节前后所加的"提示"和"短评"，也是为了加深读者的理解。

本《解读》的中译文依据德文原文译出［德文原文出处：威廉·魏施德（Wilhelm weischedel）编十二卷本《康德全集》第十卷，美因河畔的法兰克福出版社 1977 年出版］，同时参考了国内各译本的成功译法（主要是邓晓芒译本与李秋零译本，凡标明中译本页码和段落的地方均采用邓晓芒译本）。至于本书的体例，则根据文本的难易程度和篇幅大小，在各章节标题后分别标明了"简介"、"摘介"、"详介"、"节录"、"摘译"、"译介"等介绍方法。还有就是本《解读》着重于康德原文的重点与难点，故对一些小节做了省略。下面让我们先简单介绍一下《判断力批判》一书的时代背景以及大体结构和精神实质。

伊曼努尔·康德(1724—1804)生于德国普鲁士王国封建专制统治时代。当时的整个德国正处于四分五裂的状态中,是当时西欧经济上和政治上都比较落后的国家。康德从青年时代起即受到法国启蒙运动和革命思潮的影响,而反对普鲁士的君主专制制度,追求人性的自由和解放,但他又不愿参与任何实际反对普鲁士专制制度的政治活动,这就造就了他的软弱的**调和主义**立场,他既想调和知识与信仰之间的矛盾与对抗,又想调和经验与先验、主观与客观、自由与必然、人与自然等等之间的矛盾与对抗,正是在此基础上他经过二十几年的沉思,创立了一个庞大而充满调和主义精神的关于**纯粹知性批判**(认识论——"真")、**纯粹理性批判**(伦理学——"善")、**纯粹反思性判断力批判**(美学——"美")的**批判哲学体系**,为人类留下了一笔无比丰富的精神财富。

康德最初把形而上学区分为两个密切联系的部分,即**自然形而上学**(即理论哲学,体现在《纯粹理性批判》一书中)与**道德形而上学**(即道德哲学,体现在《实践理性批判》一书中),前者来自**纯粹知性**[在康德那里纯粹知性包含在广义的理性之中],后者来自**纯粹理性**,但两者中间却形成一道不可逾越的**鸿沟**。后来他发现了构成知性与理性的中间环节,那就是**判断力**,它能够把**知性**与**理性**联结起来,于是他开始了对判断力的批判性研究,并认识到这一批判能够构成整个形而上学的**基地**或**桥梁**,因而就有了这部逻辑**极其严密**、思想**极其深邃**的《判断力批判》,

即美学［**感性学**］（Ästhetik）①。与此同时，纯粹理性批判体系就被区分为**纯粹知性批判、纯粹判断力批判**与**纯粹理性批判**三个有机组成部分。

康德区分了两种判断力：一是**规定性判断力**，即在**普遍的东西**［规则、原则（或原理）、法则］被给予的前提下，而把特殊归摄到普遍之下的判断力（如："玫瑰花是一种植物"）；二是**反思性判断力**，即在特殊的东西被给予后，再去寻求**普遍原则**的判断力（如："玫瑰花是美的"、"玫瑰花是讨人喜欢的"）。于是他就按照"纯粹理性的建筑术"，在范畴表的指引下，以"反思性判断力批判"的名义，构造了一个庞大的**美学体系**。

康德的**反思性的判断力批判**由两大部分构成，即**审美判断力批判**与**目的论判断力批判**。正是在这里，康德提出了他的**审美判断力学说**和他的**目的论判断力学说**。他认为前者属于**美学**，后者则属于**逻辑学**（logik）（参见康德：《康德美学文集》，曹俊峰译，北京师范大学出版社 2003 年版，第 405—406 页），而两者又一起被列入与**哲学形而上学**完全不同的经验性的**人类学**（"人类学"即"人本学"）即"**实践人类学**"的范围（参见康德《逻辑学讲义》、《实用人类学》与《康德书信百封》），因此这两者就像一枚金币的两面，即花与字，不可分地联结在一起，构成一个完整的"**整体**"或"**体系**"。可以说，没有审美判断力学说，目的论判断力学说就成了无花之木；而没有目的论判断力学说，审美判断力学说就成了无源之水，因此两者是密不可分的。但遗憾的是，**审美判断力**与**目**

---

① 　参见康德：《康德美学文集》，曹俊峰译，北京师范大学出版社 2003 年版，第 404 页：艾斯忒惕克（Ästhetik——美学、感性学）。

的论判断力这两者间的**辩证关系**康德本人并没有完全说清楚。(参见康德:《康德美学文集》,曹俊峰译,北京师范大学出版社2003年版,第404—406页;李泽厚:《批判哲学的批判 康德述评》,人民出版社1979年版,第394页。)

实际上,《判断力批判》一书是以他的**先验唯心论**即**形式唯心论**的**认识论**和综合统一的**方法论**为基础的,但它从头到尾却贯穿着**一条红线**,这就是马克思在其带有**思辨色彩**的《1844年经济学哲学手稿》(以下简称《手稿》)中所提出的"**人本主义**"(**Humanismus**),这种人本主义突出表现在"美只适用于人类"(见第5节)的命题中,具体来说就是从**人的审美情感**出发,从**美的理想**和**美的属人本质**出发,最后归结到**人的自然的本质**,也即归结为人是自然界的一部分,是自然界的**终极目的**,并且**一切为了人和人本身**,为了**人的生存、人的自由、人的价值、人的权利、人的人格、人的尊严、人的理想**。这种人本主义精神既体现在审美判断力中,也体现在目的论判断力中。前者表现在自然界对人的"**主观合目的性**"上,后者则表现在人作为自然界的**终极目的**的"**客观合目的性**"上。总之,《判断力批判》一书既突出了人的情感和人的主观性,又突出了人的存在和人的客观性,突出了人与自然、善与真、合目的性与合法则性、自由与必然、人的主观性与人的客观性等等的和谐与统一。这样康德就从他的**理论哲学**和**实践哲学**回归到两者的**共同立脚点或基础**,即**一般的人性**,从而回归到**人学**或**人本学**,并以他自己的方式回答了他晚年所提出的理性的最高追问,"**人是什么**"的问题。(参见康德:《康德书信百封》:致卡尔·弗里德利希·司徒林,李秋零编译,上海人民出版社2006年版,第216—217页;并参见李泽厚:《批判哲学的批判 康德述评》,人民出版社1979年版,第367页。)鲍桑葵关于康德通过《判断力批判》"把本国人民带到了自由的和人文主义的

文化的新世界门口"(鲍桑葵:《美学史》,张今译,广西师范大学出版社 2001
年版,第 208 页)的评价是完全正确的。因此无论给予《判断力批判》一
书所表现出来的**人本主义思想**多高的评价都是不过分的。就此而
论,《判断力批判》比前两部批判书(《纯粹理性批判》、《实践理性批
判》)站的角度更高,因此也具有**更高的理论价值和应用价值**。而且
康德的人本主义思想更是远远高出于黑格尔的绝对唯心主义,因此
那种从极权主义意识形态立场出发**贬康扬黑**的倾向是不可取的。

康德在《纯粹理性批判》中曾称他的**先验唯心论**为"**形式唯心
论**",认为这个提法"**更可取**",而他的形式唯心论其实就是主观的**唯
形式论**或主观的**形式决定论**。因为在他看来,人们头脑中的先天感
性形式,即空间与时间,是**感官世界**万事万物的本质或本体,也是美
的事物的本质或本体,而这种空间与时间形式的**多样性**或**杂多性**及
其千变万化的**组合**就是**美**,他的关于美的"**主观合目的性**"以及"**无目
的的合目的性**"概念就是建立在这种主观的唯形式论或形式决定论
基础上的。康德的**人本主义美学思想**(即他所谓的"**先验美学**")具有
两个**突出特点**,它们成为人本主义的**两翼**:一个是他的**形式主义**,集
中体现在他的**纯形式美**的思想中,一个是他的**自由主义**,集中体现在
他的**想象力自由游戏**的思想中。

康德的**审美判断力学说**是研究人的**主观情感和主观目的**的,是研
究自然对人的**主观合目的性**的,包括**美的分析论**与**崇高的分析论**两
个部分。它们所占篇幅最多,也最难懂,因此它们构成了《判断力批
判》一书的**主体与核心**,充分体现了康德的**人本主义美学思想**。而康
德的**目的论判断力学说**则是研究人对自然的**客观合目的性**的,体现
了康德的**人本主义自然目的论思想**。在康德那里**审美论**与**目的论**是

有机结合和密不可分的,这正如马克思在其《手稿》中所提出的"**自然的人本主义**"(**Humanismus der Natur**)与"**人的自然主义**"(**Naturalismus des Menschen**)是密不可分的一样,它们的**核心思想**是人与自然的和谐与统一,即中国古代哲人所追求的"**天人合一**"。当然这种人与自然的和谐与统一在当时,还只不过是康德与马克思的一个**思辨的**,但却是**合理而伟大的理想**而已。

这里康德的人本主义美学思想与马克思的"**自然的人本主义**"思想是一致的,它们讲的都是"**人化的自然**",突出了自然界的"**属人的本质**"(参见《手稿》)。而康德的**自然目的论思想**与马克思的"**人的自然主义**"思想是一致的,它们讲的都是"**自然化的人**",突出了人的"**自然的本质**"[即人作为自然的"**一部分**"(**ein Glied**)(参见 1844 年《手稿》:"人是自然界的一部分",第 49 页)]。这两个方面的结合就构成了人与自然的一个**巨大整体或系统**,并且正如马克思所说:"社会[即生产劳动]是人同自然界的完成了的、本质的统一……是人的实现了的人的自然主义和实现了的自然的人本主义。""作为完成了的自然主义,等于人本主义,而作为完成了的人本主义,等于自然主义;它是人和自然界之间、人和人之间矛盾的真正解决,是存在和本质、对象化和自我确立、自由和必然、个体和类之间的抗争的真正解决。""彻底的自然主义或人本主义既有别于唯心主义,也有别于唯物主义,同时是把它们二者统一起来的真理。"(《手稿》)这里,康德与马克思的一个共同点就是他们都强调了人与自然关系中的**社会基础**,例如,康德就一再强调在人对物的审美兴趣与审美判断中,人的**社交性**或**社会性**所起的决定性作用。正是在此基础上康德与马克思一样,强调了**灵魂与肉体、主观与客观、思维与存在、现象与本体、认识与实践、人与自然**

的和谐与统一。康德的这些思想是对人和自然进行反思的成果，即反思性判断力所做出的评判的成果。当然康德还不可能达到马克思的思想高度，他还没有认识到人的"**类本质**"是人的"**社会性**"，而人的**社会性**则体现在人的"**自由自觉的活动**"中，即体现在"**人的实践能力**"即"**劳动**"或"**生产劳动**"中，更没有认识到"**劳动创造了美**"，并且是"**按照美的规律来塑造**"的。（参见《手稿》）

《判断力批判》的核心思想就是马克思所提出的"**人本主义**"〔这个来自拉丁文的德文新词包括"人文主义"、"人本主义"与"人道主义"等含义，但在马克思那里主要是指人与自然关系中的"以人为本"的人本主义，而不是指人与人关系中的"以仁为道"的人道主义，因此刘丕坤在其所译的马克思《手稿》中将 Humanismus 译为"人本主义"是准确的，实际上这个词与费尔巴哈所使用的来自希腊文的 Anthropologismus（人本学或人本主义）是同义词，可能是因为马克思想与费尔巴哈的形而上学人本主义划清界限，而采用了这个德文新词〕。**这种人本主义突出表现在人化的自然与人的自由活动两个方面。而形式主义与自由主义则构成了这种人本主义的一体两翼**，因此不理解马克思的人本主义，就不可能真正理解康德的美学，特别是不可能理解康德人本主义美学的**两个突出特点**。而坚持从康德开始，中经费尔巴哈和马克思所继承与发展了的人本主义思想，建立**人本主义美学**，则是美学研究者的一项光荣任务。

这里还应指出，该书也像《纯粹理性批判》一样，是用综合方法写成的，从单纯的美的分析开始，步步推进，不断丰富，不断深入，最后形成一个无所不包的**科学整体**，这就是马克思所说的从抽象到具体、从简单到复杂的**综合方法和叙述方法**。〔参见郭立田：《康德〈纯粹理性批判〉文本解读》，黑龙江大学出版社 2010 年版，第 7—8 页。〕

还有,康德美学在近现代西方美学史上的地位是无与伦比的。康德几乎没有受到近代西方美学家和美学文献的影响,他的研究完全是在他自己的形而上学思辨道路上披荆斩棘、克服巨大困难进行的。但是他的美学对后世的影响却是非常深远的。可以说,没有康德美学就没有近现代西方美学,甚至没有马克思主义美学,也没有中国现代美学。黑格尔认为,在近代,自然与艺术之间的辩证关系的解决标志着艺术科学[即美学]"才真正开始成为一门科学","康德无论是对于理智,还是对于意志,都把自相融贯的合理性,自由,以及自己认识自己为无限的那种自意识看作基础。尽管康德哲学还有些缺陷,这种对理性本身绝对性的认识——这是近代哲学的转折点——这种绝对出发点,却是应该承认而不容批驳的"①。曹俊峰先生指出:康德美学的直接后继者是费希特、谢林、席勒、施莱尔马赫、赫尔巴特、克罗齐等人,他们的自由思想在很大程度上来自康德的实践理性学说,他们的美学思想也紧随康德,在此基础上创立了自己的体系。② 马克思的《手稿》中关于美是"人的本质力量的确证"、"劳动创造了美"等美学思想无不渗透着康德的美学思想。蒋孔阳先生指出,五四运动前后,在西方文化的冲击下,我国现代美学产生和形成起来,例如,王国维最先把康德等人的美学观点介绍到中国来。③ 至于中国的当代美学著作更是充满了康德美学思想影响的身影,这说明中国的当代美学是离不开康德美学的。

---

① [德]黑格尔:《美学》(第一卷),朱光潜译,商务印书馆1979年版,第69、70页。
② 参见曹俊峰:《康德美学引论》,天津教育出版社2001年版,第430、431、438页等。
③ 参见蒋孔阳:《美学新论》,人民文学出版社2006年版,第517—518页。

二、序言、导言与参考图

1. 序言(1790 年)(简介)

[提示] 这里康德申明了《判断力批判》一书的一系列重要的原则立场。这里是摘要：

[第 1 段]，对纯粹理性批判的回顾。康德说：我们可以把来自先天原则[或原理](Prinzip)的**认识能力**称为**纯粹理性**[对康德而言广义的纯粹理性既包括纯粹知性,也包括纯粹感性]，而把对它的**可能性**和**界限**所做的一般性研究称为**纯粹理性批判**。因为那时还没有想到把纯粹理性作为纯粹的实践理性来加以研究。[这就是说,当时只是对**纯粹理性**做一**般性研究**,还没有把**理论理性**与**实践理性**区分开来。这一点很重要。]于是当时所做的批判只是指向我们先天地认识事物的**能力**(Vermögen)[即先验形式论]，所以只是单纯地讨论**认识能力**(Erkenntnisvermögen)，而排除了**愉快**(Lust)与**不愉快**(Unlust)的**情感**(Gefühl)[即邓晓芒所概括的"情感能力"(参见康德：《判断力批判》,邓晓芒译,人民出版社 2002 年版,第379、382 页)]和**欲求能力**(Begehrungsvermögens)，与此同时也就只讨论**知性**而排除了同属**理论认识能力**的**判断力**与**理性**。[可见在康德那里,**理论认识能力**包含**知性**、**判断力**和**理性**三者。]因为在他当时看来,除了知性以外任何别的认识能力都不能提供出**构造性**[综合性]的**先天认识原则**[即由**先天综合判断**构成的原理、原则或定理]。这样一来,批判就只剩下了**知性**先天地对自然或显象的总和的**法则**(Gesetz)而制定的东西[所立之法]，但这个批判使**纯粹知性概念**都听从**理念**的指点,而这些

理念虽然对于理论认识能力是夸大的,但仍可用作为**调节性的原则**:一面抑制知性的僭妄,一面引导知性本身促进一切知识的**最终意图**[即追求**绝对统一**的意图],[我们这颗星球在几百万年前生成了人类及其精神,人类精神又在几千年前孕育出它的最高花朵——**理念**,但理念却又耐不住寂寞,最后又返回到世间,而统合宇宙万物]。

[**第2段**],**关于实践理性批判**。康德指出,事实是,**纯粹理性批判的财产**,即在**欲求能力**那里所获得的**先天的构造性原则**,现在被**实践理性批判**分得了。

[**第3段**],**现在的问题**。康德问道:在我们认识能力的秩序中,**判断力**[这里康德还没有把判断力区分为规定性判断力与反思性判断力两种,前者是知性与理性的中间环节,而后者则是感性与知性的中间环节]构成知性与理性的**中间环节**(Mittelglied),那么它是否也有自己的**先天原则**,如果有,那么它们是**构造性的**还是仅仅是**调节性的**?并且判断力是否会把某些规则先天地赋予作为认识能力与欲求能力的中介环节的愉快与不愉快的**情感**呢?(正如**知性**对认识能力,理性对欲求能力先天地制定法则那样)这正是当前这个判断力批判要讨论的。

[**第4段**],**判断力批判在整个形而上学体系中的地位**。康德指出,对**纯粹理性**[对康德而言,广义的纯粹理性包括**纯粹感性**、**纯粹知性**和狭义的**纯粹理性**]而言,如果不把判断力批判作为自己的一个特殊部分来讨论,那它就会不完整。尽管判断力诸原则在一个纯粹哲学体系里并不能在**理论哲学**与**实践哲学**之间构成一个特殊部分,而只能在必要时**随机地**附加于双方中的任何一方。但如果这样一个体系有一天能够在**形而上学**这一普遍名称下实现出来的话(这是完全可能的),那么判断力批判就必须对这个大厦的**基地**预先做出探查,直到为不依

赖于经验的那些**原则的能力**奠定**最初基础**,以便那座大厦的任何一个部分都不会陷落下去,否则大厦全体就不可避免地要倒塌。[康德要在**理论哲学**与**实践哲学**之间架设一座桥梁。]

[**第 5 段**],**判断力的特点**。康德指出,从判断力的本性中我们不难看出,要发现它所特有的某种原则,必会遇到巨大的困难,但尽管如此,这种原则必须不是先从先天概念中推导出来的[像**纯粹知性原理**从**纯粹知性概念**即范畴那里推导出来那样]。因为那些概念属于知性,而**判断力**[暗指反思性判断力]只针对**知性**[对感官对象]的应用。所以判断力本身应当指出**某种概念**[暗指主观合目的性],不是用其认识[感官]事物。其只是充当判断力本身的规则,但还不是一条**客观原则**。

[**第 6 段**],**判断力原则遇到的困窘**。康德指出,困窘主要发生在**审美的**[感性的]评判中,即发生在与自然的或艺术的**美**(Schöne)[注意:美分为自然美与艺术美两种]以及**崇高**(Erhabne)[这样实际在康德那里就有了三种美:**自然的美、艺术的美、崇高**(崇高的美)]相关的评判中[注意:这里第一次出现**美**与**崇高**两个概念]。但尽管如此,对判断力在这些评判中所持的**原则**的批判性研究还是非常重要的。因为即使这些评判对事物[即自然界]的认识不能有丝毫贡献,它们毕竟也属于**认识能力**的范围,并证明了这种认识能力是按照某种**先天原则**(Prinzip a priori)而与**愉快或不愉快的情感**有一种**直接关系**(unmittelbare Beziehung),而不是与那**欲求能力的规定性根据**[或确定性根据](Bestimmungsgrund)[那是**实践法则或道德法则**]之类的东西相混。**欲求能力**是在**理性概念**中有其**先天的原则**[即道德原则]的。至于对自然界的**逻辑评判**(它属于**先验逻辑**),其先天原则[即纯粹知性原理]虽然能够和必须应用于对**世间存在物**(Weltwesen,世上物)的认识,并同时对开启实践理性的前景**有**

益处(vorteilhaft),但它们并不具有对愉快或不愉快的**情感**的**直接关系**,而这种关系正是判断力原则中的**神秘之处**,这使得在**批判**中为判断力划出一个**特殊部门**成为必要,因为按照[纯粹知性]概念(从这种概念中永远不能引出对愉快或不愉快情感的直接结论)而进行的逻辑评判顶多属于哲学的理论部分[即理论哲学]以及对它的批判性限制。

[第7段],审美判断力的先验意图。康德申明:这里对作为**审美**[**感性**]**判断力**的**鉴赏能力**(Geschmacksvermögens)的研究,不是为了陶冶和培养趣味(在这方面即使没有判断力批判的参与也会进行下去),而只是出于**先验的意图**(transzendentaler Absicht),所以我的研究即使缺乏那方面的意图(即陶冶和培养趣味),也应当得到宽容的评判。至于先验意图[即寻求**先验原则**],它必须准备接受最严格的检验。

[第8段],**判断力批判与学理探究**。康德申明,他要在学理探究方面不断前进,但在学理探究中并没有判断力的特殊位置,而对判断力而言,有用的是批判,而不是理论。因此按照哲学被划分为**理论哲学**与**实践哲学**,**纯粹哲学**也[只能]由此被分为两部分(它们都属于学理探究),这就是**自然形而上学**与**道德形而上学**。

2. 导言(详介)

[**提示**]这里涉及与判断力相关的一系列基本观点和基本原则,其方法也是从抽象到具体的综合法,是逐步展开、逐步深入的,对把握全书至关重要。宗白华先生说:本书的《导论》,内容较为深曲难解,也最难用中文译得明白。(参见康德的《判断力批判》,宗白华译本)其

实难解的关键是必须先读懂前两个批判,否则就不可能完全读懂判断力批判。

Ⅰ. 哲学的划分

[第 1 段],**两类哲学**。康德声称,就哲学凭借**概念**[即**先天概念**]而包含着对事物的理性认识诸**原则**[或**原理**]而言[参见《纯粹理性批判》**方法论**纯粹理性训练中的有关论述],把哲学划分为**理论哲学**与**实践哲学**,是正确的。正是按照这种划分,两种哲学各自为其理性认识的诸原则指定的不同客体的**概念**[这就是**自然**和**自由**两个概念]也是各不相同的。

[第 2 段],**两类概念**。康德说,只有**两类概念**使其**对象的可能性**[对康德而言,**不是对象使概念可能,而是概念使对象可能**]按照各不相同的原则而成为现实,这就是**诸自然概念**(**Naturbegriffe**)与**自由概念**(**Freiheitsbegriff**)。前者使按照先天原则[即**原理**]而形成的某种**理论知识**[即自然科学的理论知识]成为可能,而后者却在理论知识方面就含有**否定性的原则**[**单纯对立的原则**(即二律背反或自我对立的原则)],但对于意志的规定却建立起**扩展性的原理**,它被[**笼统地**]叫作实践的原理,这样哲学就被分为在**原则**上完全不同的两部分,即**自然哲学**的理论部分与道德哲学的实践部分。

[第 3—5 段],**意志的因果性**。康德指出,**意志**(**Wille**)作为一种**欲求能力**(**Begehrungsvermögen**)[注意:**意志 = 欲求能力**],是人世间许多**自然原因**之一,这就是按照概念起作用的**原因**[即按因果性概念而起作用的原因,这是《纯粹理性批判》中已经说清了的];而一切被设想为通过意志而可能(或必然)的东西则叫作实践上可能(或必然)的,这种

可能性或必然性必须与自然的**可能性或必然性**区别开来[前者是自由的因果性(属于理性),后者是必然的因果性(属于知性)],不过这里还没有规定:那赋予意志的因果性[邓晓芒译"原因性"似乎不妥]以**规则**的概念是**自然概念**还是**自由概念**。分清这一点是**根本**的。因为**意志的因果性概念**如果被确定为**自然概念**,那由这种概念引出的**原则**就是**技术上实践的**(technisch-praktisch)[即实践活动中技术性的因果性,这里没有自由和任意可言],如果被确定为**自由概念**,那么由这种概念引出的原则就是**道德上实践的**,前一类意志属于理论哲学(自然学说),后一类原则构成实践哲学(道德学说)。一切技术—实践的**规则**[即一般技艺(Kunst)和技巧(Geschicklichkeit)的规则,或许还有作为对人和人的意志具有影响的一种技巧才智的规则],就其基于概念而言,应当算作对理论哲学的一个补充[只是康德在《纯粹理性批判》一书中没有涉及这种"技术—实践的规则,而规则与法则是不同的,规则可以是经验性的,而法则则是先验的,这一点必须弄清楚]。但这类规则不能称为法则,而只能称为**规范**[例如工厂中的技术操作规范]。因为意志不仅从属于自然概念,而且从属于自由概念[参见《纯粹理性批判》第二版序言:关于意志是自由的又是不自由的论断],当意志的诸原则与自由概念密切相关时,就叫作**法则**,只有这种法则与其推论一起才能构成**实践哲学**。

Ⅱ. 一般哲学的领地

[**第1段**],在康德看来,**先天概念**所具有的应用范围,与我们的认识能力按照原则的应用范围连同哲学的应用范围一样广阔。

[**第2—8段**],康德说:概念只要与对象发生关系,不管对这些对象的知识是否可能,就都拥有自己的领地,但**经验概念**(Erfahrungsbegriffe)[即经验性概念]因其不是立法者,所以没有自己的领地,只有自

己的暂居地。于是我们的全部认识能力只有**两个领地**，即**自然概念的领地**与**自由概念的领地**，前者属于**理论哲学**，后者属于**实践哲学**。但总起来说，哲学的领地建立于其上并且这种哲学的立法施行于其上的**基地**［即地基］永远只是一切可能经验对象的总和，只要这些对象不被看作是别的，只被看作是**单纯的显象**；否则**知性**［或理性］对这些对象立法就不可思议。通过**自然概念**来立法是**由知性进行的**，并且是**理论性的**；通过**自由概念**来立法是**由理性来做的**，并且只是**实践性的**。因此，知性和理性对于**同一个经验的基地**拥有两种各不相同的立法，而不允许一方损害另一方。因为两种立法和属于它们的能力在**同一个主体**［人及其心灵］中共存并无矛盾，这在《纯粹理性批判》的二律背反的解决中是被证明了的。这两个领地虽然在立法中互不影响，却在它们在**感官世界**中造成的后果中互相牵扯着，所以还不能构成一个整体。这是因为：**自然概念**虽然在**直观**［即感性直观］中设想其**对象**，但不是作为**自在之物**，而是作为**显象**；反之**自由概念**虽然在其客体［即**对象**］中设想了一个**自在之物**本身，但不是在直观中设想的，所以双方都不能获得关于**自己的作为自在之物的客体**［甚至也包括**思维着的主体**（即灵魂本身）］的**理论知识**。基于这种客体是超感官的东西，我们虽然必须用这个超感官东西的**理念**来解释一切经验对象的可能性［因为在康德看来自在之物是作为显象总和之自然的根据或原因］，却永远不能把这种**理念本身**提升和扩展为一种知识。［**这就是说，无论是理论认识还是实践认识都不能达到对作为客体的自在之物的理论认识并形成一种理论知识。**］因此结论是：对我们的全部认识能力来说，有一个无限而不能接近的领域，在那里无论是**知性概念**还是**理性概念**［即实践概念，如自由］都不能建立自己的理论认识领地。这样一来，自然概念的领地与自由概念的领地之间就形成了**一道鸿沟**,以至从前者向后者的过渡成为不可能,但后者[实践概念]对前者的领地却有一些影响,因而自然法则与自由法则仍然可以协调。这样一来,两者之间一方按照原则[即先天原则]的思维方式就可以向另一方按照原则的思维方式过渡。[这就是说,**认识原则**与**实践原则**都是先天的原则,在这一点上双方是一致的。这样就找到了两者的共通性,即联结的纽带。(参见鲍桑葵在《美学史》中的评价。)]

Ⅲ. 判断力批判作为把哲学的这两部分结合为一的手段

[**第 1 段**],一个假设。对认识能力的**批判本身**并不是什么学说,也没有任何领地。不过**批判的领域**会伸展到知性能力的一切僭妄之上,为的是把它们拉回到自己的**合法性**(Rechtmäßigkeit)边界之内。但那虽不能进入到哲学划分类别的对象中,却可能作为一个主要部分进入到一般纯粹认识能力的批判中来,如果它自身包含有既不适合于纯粹理性的**理论应用原则**,也不适合于纯粹理性的**实践应用原则**的话。[这样就从**判断力的批判**中引申出了**反思性判断力批判**。]

[**第 2 段**],**两类哲学**。**自然概念**含有一切先天理论知识的根据,是基于知性立法之上的;而**自由概念**则含有一切感性上[即对感性而言]无条件的先天实践规范之根据,是基于理性立法之上的。[这就是说,知性为**自然**立法,理性为**自由意志**立法。]所以这两种认识能力除了它们按**逻辑形式**[概念、判断、推论]能应用于**不论是何种来源**[经验的或先验的]的诸原则外,它们都还有自己的特殊立法,并且在这种立法之上没有别的先天立法,正是根据这种立法的区别才有了**理论哲学**与**实践哲学**的区分。

[**第 3 段**],**判断力的提出**。不过,在**高级认识能力**的家族中还有

一个处于**知性**与**理性**之间的**中间环节**，这就是**判断力**。[康德把**高级**认识能力区分为**知性**、**判断力**和**理性**（参见康德：《判断力批判》，邓晓芒译，人民出版社 2002 年版，第 191 页），这曾在《纯粹理性批判》的"原理分析论"中提出过，这就是**规定性的判断力**。]对于这种能力[判断力]，我们有理由**按照类比**来推断[推出反思性的判断力]，即使它不可能先天地含有自己的特殊立法（Gesetzgebung）。[其实规定性判断力的立法功能是有的，它所立之法就是《纯粹理性批判》一书中的"原理分析论"或"先验原理论"所说的"原理"，而知性就是通过先天的范畴和原理（包括图式）来为自然界立法的，于是康德就推断这种新发现的判断力也有一种立法功能。显然这里康德还没有把反思性判断力从作为高级认识能力的家族成员的规定性判断力中分离出来。]但却同样可以先天地含有一条它**特有的**寻求法则的原则，哪怕是**主观的原则**也罢：这条原则虽然没有自己的特殊领地，但却可以拥有自己的**基地**和该基地的**情状**（Beschaffenheit，特性、性状）来适应于自己。[这里反思性判断力已呼之欲出了。]

[第 4 段]，心灵的三种能力或机能。现在，按照**类比**来推断，还应该有一个新的根据[即先天原则]来把**判断力**与我们**表象力**（Vorstellungskräft）[即想象力]的另一种秩序联结起来，而这种联结似乎比认识能力家族的[单纯]**亲缘关系**（Verwandtschaft）的联结更重要。这是因为我们所有的**灵魂能力**[Seelen-vermögen（心灵能力）]或机能可归结为以下三种不能再从一个**共同根据**[其实这个共同根据就是作为自在之物的**灵魂本身**或先验的统觉，但对康德来说它却是不可知的]推导出来的能力或机能，这就是：[1.]**认识能力**，[2.]**愉快**和**不愉快的情感**[即**情感能力**（参见康德：《判断力批判》，邓晓芒译，人民出版社 2002 年版，第 379、382 页；又参见曹俊峰：《康德美学引论》，天津教育出版社 2001 年版，第

121 页）]和[3.]**欲求能力**（**Begehrungsvermögen**）。[这样就按照类比方法推出了认识能力、情感能力（通过反思性判断力与想象力）与欲求能力三种"反思"论意义上的灵魂能力或机能的三分法。（参见第 24 节第 3 段）这三种能力都含有先天的或纯粹的成分，与这三种能力的纯粹部分相对应的是人的三种天分，这就是智商、情商与德商。康德又称心灵的三种财富是：一个健全的理智，一颗快乐的心，一个支配着我自己的自由意志。（参见康德：《康德美学文集》，曹俊峰译，北京师范大学出版社 2003 年版，第 249 页）这样反思性判断力就以审美的或感性的批判力的身份粉墨登场了。]这样，对**认识能力**[即"纯粹的认识能力"（**reinen Erkenntnisvermögen**，参见康德：《判断力批判》，邓晓芒译，人民出版社 2002 年版，第 13 页）]来说，只有**知性**是[先天]立法的，即通过纯粹知性概念来立法；对**欲求能力**来说，只有**理性**（只有在理性里才产生**自由概念**）才是先天立法的。现在，在**认识能力**与**欲求能力**之间包含的是愉快或不愉快的**情感**[**能力**][即反思性判断力]，这正像在知性与理性之间包含判断力一样[这是知性、判断力（规定性判断力）与理性三种"规定"论意义上的认识能力的三分法]，这样我们就**可以猜测**，**判断力**[这里指反思性判断力]自身也含有一个**先天原则**，并且由于愉快或不愉快的情感必然与欲求能力相结合，因此判断力也必然会造成纯粹认识能力的**自然概念**领地向欲求能力的**自由概念**领地过渡。

[**第 5 段**]，纯粹理性批判的三部分。在康德看来，即使原来设想**哲学**只能由**理论哲学**与**实践哲学**两个部分构成，但为了把上面所说的**判断力**[反思性判断力]列入哲学体系，在着手建立这个体系之前就可以**做出断定**，这个**纯粹理性批判**[广义的]是由三部分组成的，即**纯粹知性批判**、**纯粹**[反思性]**判断力批判**和**纯粹理性批判**，而纯粹知性、纯粹判断力和纯粹理性之所以被称为纯粹的，是因为它们都是**先天**

立法的。[这样看来广义的纯粹理性就包括:1.纯粹知性(作为理论的理性,它构成理论哲学);2.纯粹判断力(作为反思性判断的理性,它构成美学情感学);3.纯粹理性(作为实践的理性,它构成实践哲学),它们都是"先验的"、按照"理性的要求"行事的(参见康德:《判断力批判》,邓晓芒译,人民出版社 2002 年版,第 192 页)。这样康德就绞尽脑汁克服了序言所说的"巨大的困难",为反思性判断力定了位。]

Ⅳ. 作为一种先天立法能力的判断力

[第 1 段],两种判断力。一般而言,判断力是把**特殊**[即感性直观]思考为包含在**普遍**[即知性概念]下的能力。如果**普遍的东西**[作为规则、原则、法则(或规律)]被给予了,那么把特殊**归摄**(subsumiert)于它们的那个判断力就是**规定性的**(bestimmend)[如"玫瑰花是一种植物"这一判断,就是把"玫瑰花"(作为特殊)包含在"植物"(作为普遍)中];如果只是**特殊被给予**了,那么判断力就必须为此去**寻找**普遍,这样的判断力就仅仅是**反思性的**(reflektierend)[如"玫瑰花是美的"、"玫瑰花是讨人喜欢的"这样的判断就需要寻找作为其根据的某种一般性东西]。[这样就区分了**两种判断力**:规定性的判断力与反思性的判断力。但实际上,如果从普遍到特殊的判断力坚持的是先验论的原则的话,那么从特殊到普遍的判断力所坚持的则是经验论的原则,这里体现了康德对先验论与经验论的某种调和。但反思性判断力的现身却使康德进入经验世界的广阔领域,而没有这一领域的研究就没有康德的美学。]

[第 2 段],两种判断力区别的缘起。[首先],规定性判断力(**bestimmende Urteilskraft**)从属于知性所提供的普遍的先验法则[即《纯粹理性批判》中的"纯粹知性原理体系"],所以是归摄性的(**subsumierend**)[即规定性的],这里的**法则**是知性先天预定的,所以它不必为自己

再思索一条法则，以便使自然界中的特殊从属于普遍之下。［其次］，自然界有如此多种多样的**形态，就像普遍先验的自然概念的变相**［多种多样］一般，结果这些变相并未通过纯粹知性先天给出的那些法则而得到规定，因为这些法则所针对的只是作为感官对象的自然的一般可能性，这样一来这些变相就还是必须有些**法则**，这些法则虽然是**经验性的**，并在知性看来可能是偶然的，但如果它们被称为**法则**，就必须出于哪怕我们不曾知晓的**多样性统一的原则**（**Prinzip der Einheit des Mannigfaltigen**，即杂多统一的原则），从而被看作是**必然的**。［再次］，**反思性判断力**（**reflektierende Urteilskraft**）的任务，就是从**自然中的特殊上升为普遍**，所以它需要一个**原则**，但这个**原则却**不能从经验中借来，因为它恰好应当为一切**经验性原则**在同样是经验性的但却**较高的原则**（**höher Prinzip**）下的**统一性**提供**根据**，从而为这些原则相互系统的隶属的可能性提供**根据**。［这里就引出从上到下**四个层次的法则或**原则：一是知性在规定性判断力中所提供的"**普遍的先验法则**"；二是知性在作为"普遍先验的自然概念的变相"中所提供的某些"经验性的"和"必然的"法则；三是知性在反思性判断力中所提供的为一切经验性原则提供统一性根据的"较高的"，"同样是经验性的"原则；四是知性所提供的"一切经验性原则"。］所以作为这样一条先验原则，**反思性判断力**只能把它作为**法则**自己给予自己，而不能从别处拿来（否则**反思性判断力**就会是**规定性判断力**了），更不能颁布给自然，因为［这里］有关自然法则的**反思**取决于自然［即以自然为前提，因为这种法则是（通过**反思**）从自然界中抽取出来的，而不是给自然界所立的法则，这就是反思性判断力的法则］，而自然并不取决于我们试图去获得的**完全是偶然的自然概念**［因为如前所述，这些所谓法则是经验性的和由偶然的自然概念表现出来的］的**那些条件**［即经验性前提条件，而非先验的前提条件]。

　　[其实这种"经验性的原则"无非是从经验中提取出来的经验论意义上的主观的原则,是与先验的原则对立的原则,这表明了康德要调和经验论与先验论的意图。这样一来先验的规定性的判断力就转变为经验性的反思性判断力,从而使康德进入全新的美的领域。]

　　[**第 3 段**],**经验性法则**。这里所讲的原则(即上面所说的"必然的"原则),只能是:由于普遍的自然法则在我们的知性本身中有其根据,因此**知性**把这些自然法则颁布给自然界,而那些**经验性的法则**,就其中**留下来**而未被那些普遍的自然法则所规定的东西而言,则必须按照这样一种**统一性**来考察,**就像有一个知性**(即便不是我们的知性)为了我们的认识能力而给出了这种统一性,以便用它使一个按照**特殊自然法则**而建立起来的经验系统成为可能[其实就是**反思性判断力**]。但其实这样一个**知性**只不过是**反思性的判断力**[注意,反思性判断力属于知性],它的原则是**用来反思的**,而不是**用来规定的**,所以这种判断力凭借这种反思只是给它自己而不是给自然界提供法则。[这就是说,知性在这里是给自己即审美判断力立法,即下面要讲的"形式的合目的性原则",这就可以看出知性在审美判断中的重要作用了。]

　　[**第 4 段**],**自然的合目的性概念**。一个关于客体的概念,只要同时包含着该客体现实性的根据,就叫作**目的**[这是康德给一般目的所下的定义,意即:使一个关于客体的概念得以成为现实的根据或原因就叫作目的。参见马克思:"蜘蛛的活动与织工的活动相似,蜜蜂建筑蜂房的本领使人间的许多建筑师感到惭愧。但是,最蹩脚的建筑师从一开始就比最灵巧的蜜蜂高明的地方,是他在建筑蜂房之前已经在自己的头脑中(即观念中)把它建成了。"(《资本论》。)这种头脑中的观念就是目的。]而**一物**同其他**各物**的某种只有**按照**

目的才可能有的**性状的协调一致**（**Übereinstimmung**），就叫作该物的**形式的合目的性**（**Zweckmäßigkeit der Form**）[这里又推出了"形式的合目的性"概念，即：一物同他物符合目的的性状的协调一致，就叫形式的合目的性。这里的形式应当是指形式上的性状。这里首见"合目的性"概念，在《纯粹理性批判》首见 B426，在《实践理性批判》中首见第二卷第二章第七节。就是自然界及其产物符合一个目的的性质]。这样一来，**判断力的原则**就自然界从属于作为一般经验性法则的那些物的形式而言，就叫作自然界的**多样性**[即杂多]中的**自然的合目的性** [这里仍然是**笼统的"合目的性"**，实际上这种合目的性就是自然界各层次间的**因果关系，属关系范畴**]。这就是说，自然界通过合目的性概念被设想为好像**知性本身**含有经验性法则的多样性统一的根据似的。[但**知性本身**是否含有经验性法则的多样性统一，这里却没有说。]

[这样就从**目的**概念引出**形式的合目的性**概念，再引出**自然的合目的性**概念，最后引出**自然的形式的合目的性**概念（见下一节标题），这是典型的从抽象到具体、从简单到复杂的**综合方法和叙述方法**。但这里的"自然的合目的性"是合谁的"目的"，即是合神的目的，合人的目的，还是合自然界本身的目的？这里康德还没有说，因为这里还没有区分"**主观合目的性**"与"**客观合目的性**"。]

[第 5 段]，自然的合目的性概念的应用。自然的合目的性概念是一个**特殊的先天概念**，它只在**反思性判断力**中有其根源，因此我们不能把它用在**自然产物**上，而只能用在对自然显象的联结来反思自然上。而自然的合目的性概念与实践的合目的性概念（包括人类艺术的和道德的）也完全不同，只是自然的合目的性概念是按照它与实践的合目的性概念的**类比**而被思考的。[这样就最后导出了反思性判断力的"**自然合目的性概念**"。]

V. 自然的形式的合目的性原则是判断力的一个先验原则

[第1段]，**区别两类原则**。一个原则，如果通过它而使人们考虑到一种普遍的**先天条件**，唯有在此条件下诸物才能成为我们知识的**一般客体**，那么它就是一个**先验原则**（transzendentales Prinzip）。相反，**一个原则**如果让人考虑到这是一种先天条件，唯有在此条件下所有经验性地给出其概念[即经验性概念，如物体]的客体都能先天地得到进一步规定，那么它就是**形而上学原则**（metaphysisches Prinzip）。例如，**物体**作为实体和变化的实体，如果它们的认识原则被表达为"它们的变化必定有一个原因"，那么这个原则就是**先验的**；但如果这个原则被表达为"它们的变化必定有一个**外部原因**"，那它就是**形而上学的**[即康德所说的"一般形而上学"，也就是"完全孤立的**思辨的理性知识**"（参见《纯粹理性批判》第二版序言），也就是以往的非科学的"**形而上学智慧**"，如关于上帝存在的假设]。因为在前一种情况下，物体只能通过**本体论的谓词**[即纯粹知性概念，它们是通过形而上学（即本体论）演绎所得出的，参见《纯粹理性批判》第一编第一卷的第一章]，如实体来思考，以便能够先天地认识这个命题[如"一切发生的事物都有其**原因**"的命题]；但在后一种情况下，物体这一经验性概念（作为在空间中运动的东西）必须成为这个命题的**基础**[即出发点]，但这样一来后面的谓词（由外部原因引起的运动）就应归于物体，关于这一点却可以先天地看出来。——所以正如马上要指出的，自然（在其经验性法则的多样性中）的合目的性原则是一个**先验的原则**，因为诸客体就其被思考为服从该法则来说，**该法则的概念**就只是关于一般可能的**经验知识对象**的纯粹概念（如实体概念），而不包含任何经验性的东西。反之，在自由意志的**规定性理念**中来思考的**实践的合目的性原则**则是一个**形而上学原则**，因为作为

意志的欲求能力[可见:欲求能力＝意志]，这一概念必须**经验性地**被给予出来[它不是**先验的谓词**(如**实体概念**)]。但这两种原则都并非是经验性的，相反都是**先天的原则**，因为欲把这两个原则的谓词与这两个原则的判断中的**主词的经验性概念**结合起来，不需要任何其他的经验，就能**完全先天地**看出那种结合。[这里已经预示出下面要讲的"**先验原则**"。这里康德把"**先验原则**"与以往的"**形而上学原则**"区分开来。]

[**第2段**]，康德认为:**自然的合目的性概念属于先验原则**，这一点可以从为自然研究先天奠定基础的判断力**准则**(**Maximen**)中充分看出来，但判断力准则所针对的无非是经验的可能性，即通过**特殊法则**的特殊**多样性**来规定自然知识的可能性。这些准则作为形而上学智慧的格言，在人们不能从其概念说明其必然性的场合，经常分散地出现在自然科学的进程中。如"自然界寻最短的路前进[节俭律]"等都是把自然界的**经验性法则**中的大量**多样性**法则归在少数原则的统一之下。["**自然的合目的性概念属于先验原则**"是康德判断力学说的核心，应特别注意。]

[**第3—4段**]，判断力的先验合目的性原则的演绎。自然的合目的性是判断的一条先验原则，需要一个**先验的演绎**[即客观有效性的合法性证明]，因此必须到**知识的先天来源**中去寻找。

康德论述说:我们在经验之所以可能的那些根据中首先要寻找的根据当然是某种必然性的东西，即**普遍法则**，没有这种法则自然就根本不能作为感官对象而被思考，而这种法则是以范畴为基础而被应用到我们一切可能直观的**形式条件**(即空间与时间)中的，于是在这些法则之下的判断力就是**规定性**的，因为这种判断力要做的无非就是对自然显象在给定的法则下进行**归摄**[例如，一切直观都是外延的量即空间或时间的量]。例如,知性已经表明"一切变化都有其原因"这一普遍的自然法则,于是这里**先验的判断力**[即规定性的判断力]所要做的无非是指出**先天知性概念**[**范畴**(这里是指**因果性范畴**)]下的**归摄**的条件而已:这就是同一物的各规定的先后相继性。于是对**一般自然**(作为可能经验的对象)而言,那条法则(一切变化都有其原因)就被认识到是绝对必然的。——不过现在,[就**反思性的判断力**而言],经验知识的**对象**[即作为自然界的**显象**]除了那个**形式上的时间条件**外,还**在许多性质上**(它们属于**特殊的自然**)被规定着,或者在我们可以先天地做出判断的范围内**仍可以被规定**,以至于其具有各种特别差异的**种类**,它们除了具有属于一般自然的共同的东西外,还能以无限多样的方式成为原因,而这些性质中的每一个都必定会(按照一般原因的概念)有自己的规则,这种规则就是**法则**,因而带有**必然性**,尽管我们认识能力的**状态**和**局限**根本看不出这种必然性。所以我们必须在自然中,就其单纯经验性而言,来思考无限多样经验性法则的可能性,这些法则在我们看来却仍然是偶然的(不能先天认识到的),而且就这些法则而言,我们把按照经验性法则而来的**自然统一性**(Natureinheit)和**经验的统一性**(作为按照经验性法则而来的系统)的可能性评判为偶然的。但由于这样一种统一性毕竟不能不被必然地**预设**和**假定**下来,否则就不会发生使经验性知识成为**经验整体**(Erfahrung Statt)这种**普遍关联**(durchgängiger Zusammenhang)了,又由于普遍的自然法则虽然在诸物之间按照其作为**一般自然物**(Naturdinge überhaupt)[主要指无机自然物]的类而提供了这样一种关联,但并不是特别地按照其作为这样一些特殊自然物的类而提供的,因此判断力为了自己的独特应用必须把这一点**假定为先天原则**[注意,这是一个**假定的先天原则**]:在那些**特殊的经验性的自然法则**中对人们来说是偶然的东西,却在**联结**它们的多样性为一个本身**可能的经验**时仍包含一种我们虽不可探究但毕竟可思维的**合法则的统一性**(gesetzliche Einheit)。**这样一来,由于这种合法则的统一性**是在一个我们虽然按照某种必然的意图但同时却是作为本身是偶然的来认识的联结中,被设想为诸客体(即自然界)的**合目的性**的。因此,对于服从可能的(尚需去发现的)**经验性法则**的事物而言,**判断力**(即反思性判断力)就必须考虑到这些法则,而且是按照我们认识能力的某种合目的性原则去思维自然界,而这一原则也就在判断力的上述准则(即自然的合目的性准则)中被表现出来了。于是**自然的合目的性**这一**先验概念**既不是一个**自然概念**,也不是一个**自由概念**,因为它完全没有加给客体(自然)任何东西,而仅仅表现了我们就某种**普遍关联着的经验**而对自然对象进行反思时所必须采取的唯一方式,因而其表现了判断力的一个**主观原则或准则**[合目的性原则竟是一个主观的先验原则]。当我们在**单纯经验性法则**中找到了这种系统的统一性时,我们也会感到高兴,**尽管我们对这种统一性还不能看透和证明**。[对康德而言即使能够证明也不可能是先验的证明(即先验的演绎),因为这是与他的先验论相违背的,所以这种演绎是不能令人信服的,只能看出他对经验论的一个让步,这一点需要做进一步评论。]

[第5—6段],合目的性概念演绎的正确性和必要性。康德指出,这个演绎的正确性和必要性取决于演绎任务的重要,这就是:由含有无限多样性的经验性法则(empirisch Gesetz)的自然界所给予的各种知觉来构成的一个关联着的经验,这一任务是先天地置于我们的知性中的。知性虽然先天地具有普遍的自然法则,而没有这些法则自然就根本不能成为经验的对象,但除此之外还需要某种在自然的

特殊规则中的自然秩序（Ordnung der Natur），而这些规则只能**经验性地获取**而且还是偶然的。而没有这些规则，就不会有从一个一般可能经验的普遍类比向一个**特殊类比**的进展，而**知性**必须把这些规则作为**法则**（即作为必然的）来思考，否则这种规则或法则就不会构成任何自然秩序，即使知性没有认识到也不可能看出这种**必然性**。所以，尽管知性在这种必然性方面（就客体来说）不能先天地规定任何东西，但却必须为了探索这些经验性的所谓法则，而把这样一条**先天原则**（Prinzip a priori），即按照这些**所谓的法则**，一个可认识的自然秩序才是可能的，奠定为关于自然的**一切反思的基础**，以表达出如下一些命题：在自然中有一个我们能把握的类和种的从属关系；那些类和种又按照一个共同原则而相互靠近，以便从一个向另一个过渡并由此向**更高的类**过渡成为可能；如果我们的知性当初必须为**自然作用**（Naturwirkungen）的这种特别差异设定正好这么多各不相同的因果性种类，那么这些种类必须从属于少数原则之下；等等。自然与我们判断力的这种**联合一致**（Zusammenstimmung），是判断力为了**按照经验性法则来反思自然而先天预设的**，因为知性同时承认这种一致是偶然的，**而只有判断力才把它作为先验的合目的性原则**[包括主观合目的性与**客观合目的性**]（在与我们主体认识能力的关系中）赋予自然，因为没有这种预设就不会有按经验性法则而来的自然秩序，所以也不会有任何线索来引导某种必须按其一切多样性来对待这些法则的经验和自然研究了。

[**第7段**]，**结论**。这样，判断力（即反思性判断力）对自然的可能性也有自己的**先天原则**，但只是在自己的**主观考虑中**，这里它不是给自然立法，而是为了反思自然而**给自己立法**，这就是在自然的**经验性**

法则方面的自然的特异性法则。因此这里所确定的原则不是一条规定性判断力原则,而是一条反思性判断力原则,其目的是使知性在经验中不断前进并获取知识。[这样,合目的性原则就是一个假定的、主观的、经验性的、所谓的"先天原则"了。康德就是用这个"先天原则"来解释审美判断(例如"这朵花是美的")的先天可能性和先天根据的。这一点要特别注意。]

Ⅵ. 愉快的情感与自然合目的性概念的联结

[第 1 段],自然界的特殊法则。自然界在其特殊法则的多样性上对我们要为之找出原则的普遍性[只是相对的普遍性而已]这种需要的协调一致性,按我们的所有见解来看,都必须被评判为是偶然的,但对我们的知性需要(Verstandesbedürfnis)来说,却还是不可缺少的,因而这种评判所针对的只不过是自然界借以与我们的知识意图协调一致的合目的性。而这里,知性的普遍法则同时也就是自然法则,它们作为物质的运动法则(尽管出于自发性),对自然界来说同样是必要的。而且这些法则的产生并不以我们认识能力的任何意图为前提,[相反,]我们只有通过这些法则才首先从关于物的(自然的)可能性知识里获得一个概念,而这些法则必然应归于作为我们认识的一般客体的自然界。然而,自然按其特殊法则而来的那种秩序,不论可能超出我们把握能力之上的多样性和不同性如何,毕竟还是现实地与这种把捉能力相适应的,这一点就我们之所见而言是偶然的。而寻找这种秩序则是知性的一项工作,它被有意地引向知性的一个必然目的,这就是把原则的统一性带到自然中去,这样判断力就必须把这个目的赋予自然界,因为在这方面知性不能为自然界颁布任何法则。[可见经验性的主观合目的性原则与知性的先天法则是有原则区别的,它是知性赋予自然界的一条主观原则,只是一条反思性的原则而已。]

[第2段]，反思性判断力的一般原则。知性的任何意图的实现都和愉快[或不愉快]的情感结合着。而如果这个意图实现的条件是一个先天的表象，即反思性判断力的一般原则，那么愉快[或不愉快]的情感就通过一个先天根据而被规定，并对每个人都有效，也就是说，仅仅通过客体与认识能力的关系而被规定，而合目的性概念在这里就丝毫没有顾忌欲求能力，从而就与实践的合目的性区别开来了。[可见，反思性判断力的合目的性概念与实践的合目的性概念是完全不同的东西。]

[第3段]，主观的合目的性。康德论述说：[一方面]，在我们心中，在知觉与按照自然的普遍概念(即范畴)而来的法则相吻合时，是找不到也不可能找到对愉快[或不愉快]情感的丝毫影响的，因为这时知性是无意地按其本性必然行事的；但另一方面，我们发现两个或多个异质的经验性法则被包含在某个原则下的一致性，这就是一种十分明显的愉快[或不愉快]情感的根据，甚至是令人惊奇的根据[确实是令人惊奇的，甚至是不可理解的]。这样一来，我们的知性在评判自然时，就使人们注意到自然对我们知性的合目的性[这就是主观的合目的性了]，也就是把自然的不同性质的法则尽可能地纳入到更高的，虽然仍然属于经验性法则下的研究中，以使人们对自然与人的认识能力之间的偶然吻合而感到愉快，并使人们认识到反思性判断力的这种主观的合目的性(subjektiv-zweckmäßig)的特异化原则与自然法则的本质差别。[这样康德又推出了"主观的合目的性"。]

[第4段]，结论：自然的理想合目的性的扩展前景。在康德看来，反思性判断力中自然的主观合目的性是一种理想的合目的性(idealische Zweckmäßigkeit)，它在自然对我们认识能力的一致或吻合方面究

竟能扩展多远,仍然是不确定的,以至人们希望听到:我们对自然内部的认识越深,我们的经验就会前进得越远。因为我们的判断力的嘱托就在于,按照自然对我们认识能力的适合性原则行事。凡是认识能力所达到的地方都不要去断定它是否有其边界,因为在经验性的领域中是不可能规定任何边界的。[这样,康德对反思性判断力的活动前景充满了信心,因为美的领域既然是经验性的,所以也是无限广阔的。]

Ⅶ. 自然的合目的性的审美表象(ästhetischen Vorstellung)

[第 1 段],**表象的两种关系**。康德界定:凡是一个客体的表象只是**主观性的东西**,即只构成表象与主体关系而不构成表象与客体关系的东西,就是该表象的**审美情状**[情结](ästhetisch Beschaffenheit,性质、性状、情状、情结);而凡是这一表象被用作或能够被用作关于对象的规定(即认识)的东西,就是该表象的**逻辑有效性**[逻辑效用,即认识功能](logische Gültigkeit)。而这**两种关系**在关于一个感官对象的知识中是一起出现的。比如在对外感官对象的直观中,**感性表象**在其中进行直观的这些物的**空间**就是只适用于显象(即物体)的**单纯主观性的东西**[即形式],而不涉及作为物自身的**客体自身**(Objekte an sich),这种空间构成关于外物的知识的**形式**,也是知识的一个成分[作为形式]。而感性表象中的感觉(这里是外部感觉),作为知识的**质料**同样也是表象中的**主观性东西**,但这种主观性的质料却仍然被应用于认识我们之外的客体(即对象,这里是作为外部显象的物体)。[关于这种形式的和质料的表象的主观性(即在我们之内的性质)康德在《纯粹理性批判》的感性论中已说得十分清楚了,这就是他的"先验唯心论",实则是"**主观唯心论**",即主观的"**形式唯心论**"或主观的"**形式本体论**"和"**形式决定论**"。(参见康德:《纯粹理性批判》,邓晓芒译,人民出版社 2004 年版,第 405 页注释①;施太格缪勒:《当

代哲学主流》（上卷），王炳文、燕宏远、张金言等译，商务印书馆 1986 年版，第 110—112 页。）]

[**第 2 段**]，**审美表象**（ästhetischen Vorstellung）。康德指出，在一个**表象**上根本不能成为任何[**客观**]知识成分的那种**主观的东西**，就是与这表象相结合的愉快或不愉快[**的情感**]，通过这种情感我们对表象的对象什么也没有认识到，尽管它们很可能是某种认识活动的结果。[对康德而言客观知识是从感性的主观形式（空间与时间）和主观质料（感觉）开始的，见先验感性论。]这样一来，一物的合目的性只是在**知觉**中被表现出来[即被知觉到]，但却不是客体本身的性状[因为客体本身的性状是不能被知觉到的（即不可知的）]，虽说这种合目的性可以从一物的知识中**推断**出来。所以先行于客体的知识并与客体的表象直接相结合的**合目的性**，就是这一表象中的主观的东西，它完全不能成为任何知识的成分。这样，一个对象（客体）就只因为其表象直接与愉快[或不愉快]的情感相结合而被称为**合目的性**的，而这种表象本身（Vorstellung selbst）就是**合目的性的审美表象**。[这样康德就推出了主观的合目的性的审美表象，当然这种推断是思辨的，也是令人难以信服的。]

[**第 3 段**]，**审美判断**。如果**愉快**[**的情感**]仅与对**一个直观对象的形式**的把捉相结合，而与一定知识中的**某个概念无关**，那么这样一种**表象**[即作为一种愉快情感的表象]就与客体无关，而只与主体相关。于是这种**愉快的情感**所表达的就无非是客体对那些在反思性判断力中起作用的认识能力的适合性，就此而言**愉快情感**所能表达的就只是[关于]客体的**主观的**[即先天的]**形式的合目的性**。[这里康德要突出的是以**先验的主观的形式唯心论**为根据的审美判断力学说，但此处各译本译文均似未准确传达出康德的原意。]康德认为，在**想象力**中对那种形式的把

捉,如果没有反思性判断力哪怕无意地把这种形式至少与判断力把直观与概念联系起来的能力相比较,那么这种把捉就永远不会发生。而现在如果在这种比较中,**想象力**[作为一种**先天的直观能力**(**Vermögen der Anschauungen a priori**)][注意:**想象力 = 先天的直观能力**]通过一个被给予的表象**在无意**中被置于与知性[作为概念的能力(康德在《纯粹理性批判》中曾把知性定义为"**概念的能力**"和"**判断的能力**")]相一致中,并由此唤起**愉快的情感**,那么这个对象就必须被看作对反思性判断力来说是**合目的性的**。而一个这样的判断就是对**客体**的合目的性的**审美**[**感性**]**判断**(ästhetisches Urteil),它不建立在任何概念之上,也不会带来任何概念。[**这就是说作为愉快情感的美的情感只能建立在想象力的基础上,而要做出审美判断却需要知性的参与。**]而这种判断的**对象的形式**(不是**作为感觉**的对象的**质料**),在关于这个形式的单纯反思里(它无意从对象中抽取出概念来),就被评判为对这一客体表象中愉快情感的**根据**(**Grund**)[这就是说,愉快的情感以对象(物)的形式为根据,这就是所谓的"**形式决定论**"],同时这种愉快情感也被判断为与这客体的表象**必然结合着**,因而被判断为不仅对把捉这一形式的主体而言,而且一般说来对每一个判断者而言都是一样的。这样一来,该判断的对象就叫作**美的**[这样一来,在康德那里,美就被完全**形式化**了,这正是他的**先验形式主义唯心论**的美学思想的**核心观点**];而凭借这种愉快情感(普遍有效地)来下判断的能力就叫作**鉴赏**(**Geschmack**)。显然这种鉴赏力与任何感觉[因为感觉属于质料]以及任何概念无关,而只表现了主体判断力的经验性应用的合法则性(即**想象力**与知性的统一),在主体的反思中,其先天条件[即**先天的合目的性原则**]是普遍有效的,客体的表象与这种**合法则性**是协调一致的。而且由于这种协调一致是偶然

的,因此它就产生出判断对象对主体认识能力而言的合目的性表象
[即主观的合目的性表象]。

[第4段],关于**鉴赏判断**。**愉快**永远不能从概念出发而被看作
是与一个对象的表象必然联结着的,而必须通过**反思的知觉**(reflekti-
erte Wahrnehmung)被看作是与这个表象联结着的。而**鉴赏判断**[作为
一种**审美(感性)判断**]也像其他**经验性判断**(empirisch Urteil)一样,要
求对每一个人有效,而不顾及它的可能的内在偶然性。而令人惊异
的是:**它**(es,指**愉快**)并不是一个**经验性概念**(empirisch Begriff),而只
是一种**愉快的情感**(Gefühl der Lust),但这种情感却又要通过鉴赏判断
让每个人都期待着,并与关于客体的表象联结在一起,就像它是一个
与客体的知识结合着的**谓词**[作为一种情感的美]一样。

[第5段],**愉快的根据**。正如人们对个别的**经验判断**(例如有人
在水晶中发现一滴流动的水珠),而要求每个人都认可一样,因为关
于水珠的判断是依据可能经验的一般法则做出的。现在一个人在单
纯对一个**对象的形式**的反思中不考虑概念而感到愉快,他也有权要
求每个人去**赞同**(Beistimmung),因为这种**愉快的根据**是在**反思性判断**
的普遍的,但却是主观的条件中,也就是在一个对象(不论是**自然产**
品还是**技艺产品**)与人们认识能力相互关系之间的合目的性的协调
一致中被发现的,而这些认识能力是每一个经验性知识(即想象力和
知性的经验性知识)都要求的。所以**愉快的情感**虽然在鉴赏判断中
依赖于经验性表象,而且不能先天地与任何概念相结合,(我们不能
先天地规定何种对象适合或不适合于**鉴赏**,我们必须亲自试一试);
但无论如何,愉快之成为鉴赏判断的**规定性根据**,毕竟只是由于我们
意识到这种根据仅仅是扎根在反思及其与一般客体知识协调一致的

普遍的,虽说只是主观的条件之上,而对反思来说**客体的形式是合目的性的**。[这里说的是,鉴赏判断以愉快为根据,而愉快则以对象的形式的合目的性为更高根据。]

[**第 6 段**],**对鉴赏判断的批判**。康德认为,之所以对鉴赏判断进行批判,是因为有一条先天原则[即合目的性原则]预设了这种批判的可能性,尽管这一原则既不是知性的一条**认识原则**,也不是自由意志的一条**实践原则**,因而是不能先天地进行**规定**的。

[**第 7 段**],结论:分类。康德说:但是,由对物品(Sache)(**不仅有自然的物品也有人工技艺的物品**)形式的反思而来的一种愉快的感受,不但表明了**客体**在主体身上**按自然概念**在与反思性判断力的关系中的**合目的性**[即主观合目的性],而且也表明了**主体**就对象而言,根据其**形式**[形式的美]甚至**无形式**[无形式的崇高]而按照**自由概念**的合目的性[亦为主观合目的性];而这样一来:**审美**[感性]判断,不仅作为**鉴赏判断**与美相关,而且也作为一种**来自精神情感的判断**与崇高相关,因此审美判断力就分为**美的分析论**与**崇高的分析论**两部分。[这段话已重译,表明审美判断分为**鉴赏判断**与来自精神情感的判断(即对崇高的判断)两种,前者评判美(包括自然美与艺术美),后者评判崇高。这里的精神情感是指"**理想性整体**"(iaedle Ganze)。(参见康德:《康德美学文集》,曹俊峰译,北京师范大学出版社 2003 年版,第 262 页)。]

Ⅷ. 自然的合目的性的逻辑表象

[**第 1 段**],**两种合目的性**。康德提出:在由经验所提供的一个对象上,**合目的性**可表现为两种:[一是],**出于单纯主观根据的合目的性**[这就是主观的合目的性],在先于一切概念而对该对象的把捉(apprehensio)中达到**对象的形式**与把直观和概念结合为一般知识的**认识能**

力协和一致(vereinigen);[二是],出于**客观根据的合目的性**[这就是**客观的合目的性**],按照物的先行的并包含其**形式之根据**的概念而达到**对象的形式与该物本身**(Dinges selbst)[不是**物自身**]的可能性**协调一致**。前一种**合目的性表象**是基于在单纯反思到**对象的形式**时对这种形式的**直接愉快**之上的;而后一种**合目的性表象**由于不是把客体的形式联系到主体把捉这种形式的认识能力,而是联系到对象在一个被给予的概念下的确定知识,因此与**愉快的情感**无关,而与判定这些物的**知性**有关。而在这后一种情况下,判断力的工作则在于**表现**(Darstellung),即在于给概念提供一个相应的直观。[例如"一切发生的事物都有其原因"这一判断,这里把发生的事物的直观归摄到原因概念之下。]不过这后一种情况又可区分为**两种表现**:[一是],通过**想象力**来进行,如在**艺术**(Kunst,艺术、技艺、技能等,这里指艺术)中,即把预先把握的**一个关于我们目的对象的概念**[即艺术创作的主题概念,如美、崇高、善的概念]**实现出来**;[二是],通过自然[的经验性概念]在其**技术**里来进行(就像在有机体中那样),如果我们把我们**关于目的的概念**(Begriff vom Zweck)加给自然以评价它的产物的话,在这后一种情况下,不仅自然在其形式上的合目的性得到了表现,而且它的产物作为**自然目的**(Naturzweck)[即自然的目的]也得到了表现。[这里首见"自然目的"。只是,说自然界"有目的",这似乎是骇人听闻的,但这只是一种类比或比喻的说法,其实只有自然界中的人才有目的,弄清这一点非常重要。]总之,我们关于自然的按照经验性法则的**诸形式的主观合目的性**概念,根本不是关于客体的概念,而只是[**反思性**]**判断力**在自然的多样性中为自己寻得概念的一条原则。但看来好像是我们把自己的认识能力按照对目的的一个类比赋予了自然,这样我们可以把**自然美**(Naturschönheit)看作是**形式的**（单纯主观的）**合目的性**概念的**表现**，而把**自然目的**（**Naturzwecke**）看作是**实质的**（客观的）**合目的性**概念[**Begriffs einer realen（objektiven）Zweckmäßigkeit**]的**表现**（**Darstellung**），**前者通过鉴赏**[即通过想象力][**审美地**（**ästhetisch**），借助于愉快的情感]来评判[这就是**审美判断力**]，后者通过**知性**和**理性**（逻辑地按照概念）来评判[这就是**目的论判断力**]。

[**第 2 段**]，**引出两种批判**。根据上面所述，判断力批判就区分为**审美判断力批判**与**目的论判断力批判**。前者被理解为通过愉快和不愉快的情感对**形式的合目的性**（又称主观合目的性）做出评判的能力，后者被理解为通过**知性**和**理性**[的概念]对自然的**实在的合目的性**（即客观合目的性）做出评判的能力。[于是就有了**审美判断力批判**与**目的论判断力批判**的划分。]

[**第 3 段**]，**两种合目的性**。康德指出：在一个**判断力**的**批判**中，**审美判断力**是判断力的一部分，它本质上属于**判断力的判断**，因为**审美判断力单独**（**allein**）含有**一个原则**，判断力对自然的反思完全先天地以它为基础，这就是自然按其**特殊的**（经验性的）**法则**对我们的**认识能力**（**Erkenntnisvermögen**）的**形式的合目的性**原则，而没有这种形式的合目的性，知性就不能在自然中找到路径（finden）[此处已重译]。而与此不同，还必须有**自然的客观的目的**（**objektive Zwecke der Natur**），即唯有作为**自然目的**[即自然界的目的]才是可能的**那些物**，不过这里不能指出关于这一点的任何**先天的根据**，就连其可能性也不能由作为普遍的和特殊的经验对象的自然概念来加以说明，相反，只有自身并不含有这方面的**先天原则**的判断力（即反思性判断力）在某种偶然场合下（即某种自然产物展现在自己面前时），当那**先验原则**（**transzenden-**

tale Prinzip)［即**纯粹知性原理**］已使知性把某种**目的概念**(**Begriff Zwecks**)
(至少是按照其**形式**)应用于自然之上而有了准备之后,知性才包含
有某种规则,以供理性据此来使用这种**目的概念**。［这样就推出了自然
的**主观合目的性**与**客观合目的性**。］

　　［**第 4 段**］,**一般反思性判断力的分类**。康德指出,**先验原理**(**tran-
szendentale Grundsatz**)［即前面所说的反思性判断力的**先验原则**］,即把自然
在一物的**形式上**与我们的认识能力处于**主观关系**(**subjektiver Bezie-
hung**)中的**合目的性**设想为对这种形式的一条评判原则的原理,它所
留下而未加确定的是:我们在何处、在哪种场合下,把这种评判当作
按合目的性原则而取得的**成果**(**Produkt**),而不是按**普遍的自然法则**
来进行评判而取得的成果,判断力把这种评判交付**审美**［**感性**］**判断
力**,让它在**鉴赏活动**中确定这种成果(在其形式上)对我们认识能力
的适合性(只要这种适合不是通过与概念的协调一致,而是通过**情感**
来确定的)。［这里是**主观的合目的性**。］而与此相反,判断力在**目的论上
的应用**却明确指出了**某物**(如一个有机体)据以按照**自然目的的理念**
来进行评判的诸条件,但是判断力却不能从作为**经验对象**的自然概
念中提取任何**原理**(因为这样做要占有许多特殊经验),以便能够经
验性地在某一对象上认识某种**客观的合目的性**。——这样一来,**审美
判断力**就是一种按照一条规则而不是按照概念来对物做出评判的特
殊能力。而**目的论判断力**却不是什么特殊的能力,而只是**一般反思
性的判断力**,它在某些自然对象上按**特殊原则**行事,即按单纯的反思
性判断力行事,而不是按客体的规定性判断力行事,所以就其应用来
说它属于哲学的理论部分,并且由于它遵照的是一种**特殊原则**,因此
不是规定性的,只能构成批判的特殊部分。而审美判断力却与对其

对象的认识无关，因而必须仅仅被列入对其**判断主体**及其**认识能力**的批判，但只要这种认识能力提供某种**先天原则**，而不管这种原则是否还有别的（理论的或实践的）应用，这种评判都是哲学的入门。［这样，反思性判断力就被区分为**审美判断力**与**目的论判断力**两种。］

Ⅸ. 知性与理性各种立法通过判断力而联结

［第 1 段］，**知性与理性两种立法的中介**。知性给作为感官客体的自然立法（gesetzgebend），以在可能经验中形成关于自然的**理论知识**；理性给主体中超感官的自由及其独特的原因立法，以形成作为无条件者的**实践知识**。前一种立法的领地是**自然概念的领地**，后一种立法的领地是**自由概念的领地**，两者之间由于**超感性的东西**与显象被分离开来的巨大鸿沟，而完全隔离开来了：自由概念在自然知识方面什么也没有规定，自然概念在自由的实践法则方面也没有什么规定，因此在一个领地与另一个领地之间架起一座桥梁是不可能的。不过，即使按自由概念而来的因果性规定根据在自然中找不到证据，而感性的东西（显象）也不能规定主体中超感性的东西，但反过来倒是可能的：作为主体中的无条件者（自由意志）虽然并不着眼于自然知识，但毕竟着眼于自由概念对自然所产生的后果，并且通过自由的因果性概念把这种后果包含在自身中了，这种后果应当按自由的**形式法则**（formal Gesetz）在现实世界中产生出来，尽管"原因"这个词应用在超感性东西上时只意味着这样的根据，即**自然物**（Naturdinge）按照其固有的自然法则，但同时与理性法则的形式原则相一致地在某种效果上规定其原因的那个根据。这种一致的可能性虽然看不出来，但也是难以驳倒的。而按自由概念而来的效果就是**终极目的**（Endzweck），它在感官世界中是应当存在的，为此人们就预设了它在

自然界中可能的条件,即作为感性存在物,作为人的主体的可能性条件,这个先天设置的条件就是[反思性的]判断力,**它通过自然的合目的性概念为自然概念与自由概念提供了中介概念**,它使得从**纯粹的理论理性**向**纯粹的实践理性**,也就是从遵照前者的合法则性向遵照后者的终极目的的过渡提供了可能,因为只有在自然中并与自然法则相一致才能使终极目的的实现的可能性被认识到。

[**第 2 段**],**自然概念向自由概念的过渡。**知性为通过它给自然立法的可能性而提供了一个证据,证明了自然只有被当作显象才能被认识,而同时也表明了自然的超感性的基底,虽然还不能对它做出规定。而判断力通过其按自然界中可能的特殊法则来评判自然界的先天原则,从而使自然的超感性基底获得了以**理智能力**来规定的可能性。而理性恰恰通过其先天的实践法则对这同一个基底做出了规定,这样判断力就使得从自然概念的领地向自由概念的领地的过渡成了可能。

[**第 3 段**],**心灵的三种高级能力及其相互关系。**就**一般的灵魂能力**(**Seelenvermögen überhaupt**)[即一般的心灵能力]而言,其高级能力包括:1.对自然的理论认识来说,**知性**就是包含先天构造性原则的能力;2.对愉快和不愉快的情感来说,**判断力**就是这样一种能力,它不依赖于有可能与欲求能力的规定相联系的那些实践性的概念与感觉;3.对欲求能力来说,就是**理性**,它不借助于不论从何而来的愉快[情感]而是实践性,并把其作为高级能力给欲求能力规定**终极目的**,这一目的同时带有对客体的纯粹理智的**愉悦**。这中间,判断力关于**自然的合目的性概念**仍属于**自然概念**,但只是作为认识能力的**调节性原则**,尽管关于引起**自然合目的性**概念的某些对象的**审美**[**感性**]

判断,就愉快和不愉快的情感而言,却是**构造性原则**。而这些认识能力[包括知性、审美判断力与理性]的**协调一致**包含有**愉快情感的根据**[这个观点非常重要,需要牢牢把握],正是这些认识能力活动中的自发性使自然合目的性概念适用于做自然概念的诸领地同自由概念所产生的后果联结起来的**中介**,因为这种联结同时也促进了心灵(Gemüt)对道德情感的感受性(Empfänglichkeit,敏感性)。下表可提供一切高级认识能力系统的概观。

心灵的全部能力	诸认识能力	诸先天原则	应用范围
认识能力	知性	合法则性	自然
愉快与不愉快的情感[能力]	[反思性]判断力	合目的性	艺术
欲求能力	理性	终极目的	自由

3. 参考图

为了帮助读者对康德《判断力批判》一书及其美学体系的把握,特制成下列各关系图以供参考。

(1) 各种概念关系

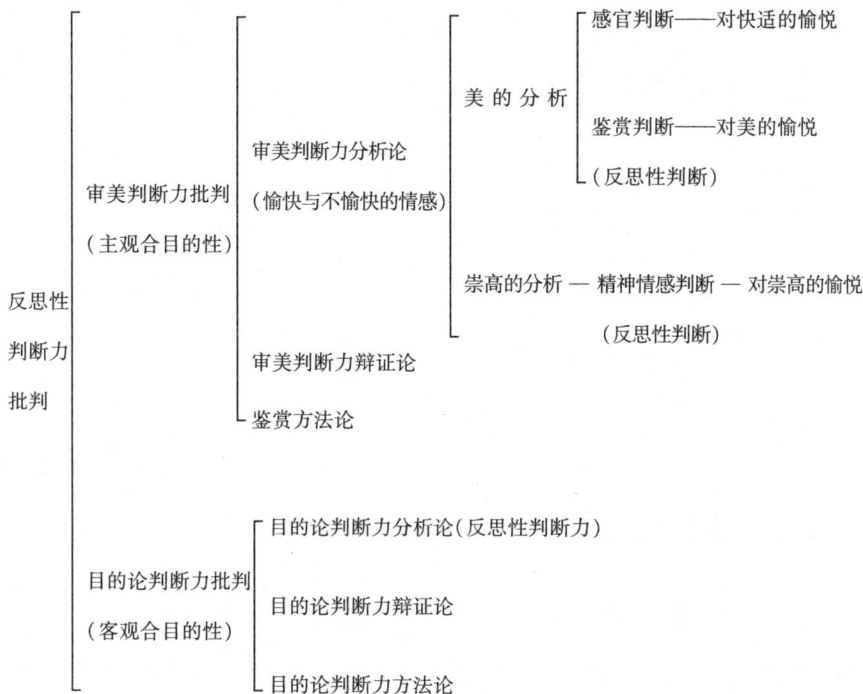

反思性判断力批判
- 审美判断力批判（主观合目的性）
  - 审美判断力分析论（愉快与不愉快的情感）
    - 美的分析
      - 感官判断——对快适的愉悦
      - 鉴赏判断——对美的愉悦
      - （反思性判断）
    - 崇高的分析 — 精神情感判断 — 对崇高的愉悦
      - （反思性判断）
  - 审美判断力辩证论
  - 鉴赏方法论
- 目的论判断力批判（客观合目的性）
  - 目的论判断力分析论（反思性判断力）
  - 目的论判断力辩证论
  - 目的论判断力方法论

(2) 哲学的分类

哲学
- 理论哲学——自然形而上学——纯粹知性批判 — 认识能力——知性
- 美学[感性学]——形而上学基地①——纯粹判断力批判——情感能力——反思性判断力
- 道德哲学——道德形而上学 — 纯粹理性批判 — 欲求能力——理性

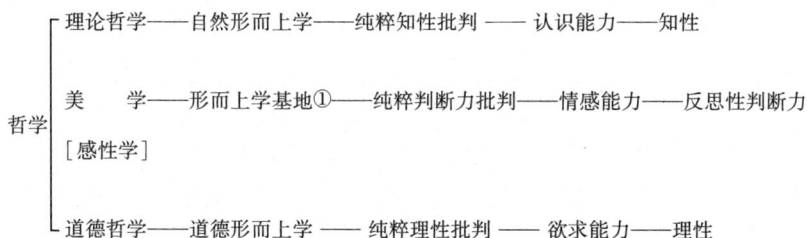

① 康德在导论Ⅱ中说：总起来说，哲学的领地建立于其上并且这种哲学的立法施行于其上的**基地**[即地基]却永远只是一切可能经验对象的总和（它们只是些显象），否则**知性**[或理性]对这些对象立法就不可思议。

（3）各种能力关系

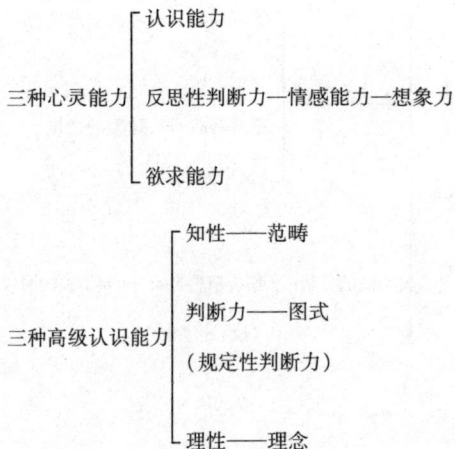

三种心灵能力
- 认识能力
- 反思性判断力—情感能力—想象力
- 欲求能力

三种高级认识能力
- 知性——范畴
- 判断力——图式（规定性判断力）
- 理性——理念

三、审美判断力与想象力（作为总提示）

康德把反思性判断力区分为审美判断力与目的论判断力两种。这里我们有必要对想象力在审美判断（包括对美的评判和对崇高的评判）（见第23节标题）中的重要作用给予**预先提示**。

先看想象力的**定义**。康德说："想像力是把一个对象甚至当它不在场时也在直观中表象出来的能力。"（康德：《纯粹理性批判》，邓晓芒译，人民出版社2004年版，第101页。）下面我们讲几个问题。

第一，想象力与反思性判断力的密切关系。按康德的说法：一般判断力是把特殊思考为包含在普遍之下的能力（如：这朵玫瑰花是红的），而反思性判断力（包括审美判断力与目的论判断力）则是从被给予的特殊中去寻求普遍的能力，其任务是从自然中的特殊上升为普遍（如：这朵花是美的）（见导言Ⅳ）。审美判断力属于反思性判断力，是反思性判断力的一种。按康德的说法：**审美判断力**就是一种按照一条规则而不是按照概念来对物做出评判的特殊能力(见导言Ⅷ)。而想象力则是一种"先天的直观能力"(见导言Ⅶ),是"一种即使对象不在场也能具有的直观能力"(康德:《实用人类学》,邓晓芒译,重庆出版社1987年版,第49页),与反思性判断力中的审美判断力密切相关。

第二,关于想象力在诸认识能力中的地位。康德在《纯粹理性批判》中宣称:"灵魂(即心灵)的三种能力……就是**感官**、**想象力**和**统觉**",因此他说:"想象力是人类灵魂(心灵)的基本能力之一","是灵魂的一种盲目的功能",并把想象力看作是联结直观与概念、感官与统觉、感性与知性的中介或桥梁,包括从下而上和从上而下两个方向的联结。例如,他说:"借助于这种纯粹想像力,我们把一方面即直观杂多和另一方面即纯粹统觉的必然统一性条件联结起来了。这两个极端,即感性和知性,必须借助于想像力的这一先验机能而必然地发生关联……"(康德:《纯粹理性批判》,邓晓芒译,人民出版社2004年版,第130页。)康德把想象力区分为"复制(再生)的想象力"与"创造的想象力"两种,而创造的想象力又区分为"构成性的想象力"、"联想(类比)的想象力"与"亲和的想象力"三种形式(参见康德:《实用人类学》,邓晓芒译,重庆出版社1987年版,第57页),而与审美判断力密切相关的除了**再生的想象力**之外,更重要的就是**创造性的想象力**。

第三,想象力在审美评判中的作用。按照《纯粹理性批判》所列举的人类灵魂或心灵的三种能力的对应关系,想象力正好相当于情感能力,因此我们完全有理由把想象力看成是情感能力的对应物或类似物。而这里,审美判断针对的是感性的愉快或不愉快的情感,而想象力(创造的想象力)正是一种感性的"先天的直观能力",它以其"自由自在的合目的性游戏"即"**自由游戏**"(见美的分析论**总注释**,这里

充分体现了康德的自由主义美学思想）为特征与知性的联合一致来"唤起愉快的情感"，所以审美判断离不开想象力（见导言Ⅶ），康德甚至把想象力与鉴赏力并列起来（参见康德：《康德美学文集》，曹俊峰译，北京师范大学出版社 2003 年版，第 191 页），因此康德特别强调想象力在审美评判中的关键与核心地位，他认为，在审美判断中，**知性与理性都是为想象力服务的**（参见曹俊峰：《康德美学引论》，天津教育出版社 2001 年版，第 245 页）。在审美活动中最重要的是想象力和知性这两种能力的相互作用。知性接到审美表象后，无所贡献而又要活动，不能规定对象而又要与之发生关联，于是它只好直接面对想象力自身，与想象力建立一种关系。这种关系就是如曹俊峰先生所说的：两种能力自由地，毫无牵挂地互相适应，这种适应又不是互相限制，互相规定，也不是固定的结合，而是在审美表象的推动和激发下，两种能力保持各自自由的活动，又互相应和，互相融洽，彼此之间不即不离，若即若离，就像梁山伯与祝英台所幻化的两只蝴蝶一样，在无边春色中翩翩飞舞。（参见曹俊峰：《康德美学引论》，天津教育出版社 2001 年版，第 245 页。）康德在关于美的分析论一开头就说："为了辨别某物是美还是不美，我们不是通过知性把某物的表象与客体联系起来去加以认识，而是通过想象力（也许还与知性结合起来）把某物的表象与主体及其愉快或不愉快的情感［能力］联系起来［去加以辨别］。"这里可以充分看出想象力在鉴赏判断中的关键与核心作用，因此康德称想象力具有"巨大的威力"（见第 17 节）。这就是本书在图表中把想象力与情感能力列在同一个水平线上的原因。

第四，想象力在审美活动中的局限性。想象力在鉴赏判断中虽然起着关键与核心作用，但又不能不与知性和理性等认识能力联系起来并协调一致和相互配合,并且这些认识能力[包括**知性**、**审美判断力**与**理性**]的**协调一致**为**愉快情感**提供了"**根据**"(见导言Ⅸ)。这时想象力就像一只轻捷的鸽子,随时都在鼓动其知性与理性的翅膀,蜻蜓点水般地在感官世界的大海中翩翩起舞、自由游戏、自由飞翔,齐头并进,共同塑造千姿百态的美的世界。[这里也明显透露出康德的自由主义美学思想。]例如,按康德的说法,在鉴赏判断中想象力与知性联结起来与美相关,在精神情感的判断中想象力与理性联结起来与崇高相关。(见第 26 节附录第 6 段)。这表现在:一方面,知性为审美判断力立法(见导言Ⅳ),因为作为鉴赏判断的审美判断(像一切判断一样)也从属于知性(见第 15 节第 4 段);另一方面,在对崇高的评判中心灵要倾听"理性的声音"(见第 26 节),否则就不能完成其"超感官的使命"(见第 27 节,邓译本第 97 页)。又如,美的艺术或艺术美不仅是"自由的艺术",而且是"想象力的表现",同时也是体现了"以理性为其活动基础"的任意性的生产或创作活动(见第 43、46、48、49 等节)。康德还特别强调了**理性**的理念在鉴赏活动中的引导作用,说"我们可以**一般**地把美[无论是**自然美**还是**艺术美**(也可以包括**崇高的美**)]称为对**审美**[**感性**]理念的表现"(见第 51 节)。

　　第五,一个问题。还应当指出,对康德来说,美只涉及对象的形式(见第 13 节第 2 段)。正像可以把审美判断区分为纯粹的和经验性的一样(见第 14 节),也可以把想象力区分为纯粹的(先验的)想象力与经验性的想象力两种(见《纯粹理性批判》"主观演绎")。康德认为,先验的图式是先验想象力的产物,经验性的图式则是经验性想象力的产物。(见《纯粹理性批判》图式论。)但这两种想象力各自究竟在审美判断中起着什么作用,康德没有明确说明,这一点还需要进一步弄清楚。

那么审美判断(包括鉴赏判断)中的想象力究竟是指纯粹想象力还是经验性想象力呢?我们认为是后者,因为在康德看来,想象力是一种"先天的直观能力"或"感性能力",所以属于感性范畴,是感性的一种形式(参见康德:《实用人类学》,邓晓芒译,重庆出版社1987年版,第33页)。而直观又分为纯粹直观和经验性直观。先验的图式来自"纯粹的想象力",而先验图式的图像则来自"经验性的想象力",前者是知觉不到的(参见康德:《纯粹理性批判》,邓晓芒译,人民出版社2004年版,第158页),后者是可知觉到的。例如,一个三角形的纯粹图式是看不见的,我们看得见的只是三角形的图像;例如,一个具体三角形中的三角。所以我们不可能通过纯粹的想象力直接感觉纯粹形式的美,只能通过经验性的想象力感觉到包含在某个物或对象中的形式的美,如玫瑰花中的形式美。例如,康德在给美下定义时就说:美的形式是"在对象上被感知到的"(见第17节)。这就足以说明,在审美判断中起着决定性作用的是经验性的想象力。但是,美的"形式"(例如,感性对象的纯形式只能是空间和时间)究竟是从哪里来的,康德并"没有说清楚"(参见康蒲·斯密:《康德〈纯粹理性批判〉解义》,韦卓民译,华中师范大学出版社2000年版,第130页)。只是他又说:在显象中同感觉相应的东西,我称之为显象的质料,而那种使显象的杂多(Mannigfaltige)能在某种关系(Verhältnis)中得到整理的东西,我称之为显象的形式。……尽管一切显象的那种质料只能后天地被给予我们,但显象的形式(空间与时间)却应当在[我们的]心灵中先天准备好了。(参见康德:《纯粹理性批判》,邓晓芒译,人民出版社2004年版。)不过还有一个问题就是"美的形式"(schöne Form)(见第14节)与空间或时间的关系问题。康德似乎主张外部对象的形态和颜色的美属于空间,而音乐的美属于时间。(见第14节)这一点还要进一步研究。

上　卷

审美判断力批判

第一章　美的分析论
（鉴赏判断的四个契机和美的四个定义）

[**提示**] 这里康德以层层递进的方式展开了对美的分析,这是康德美学的核心部分,主要讲自然美。为了很好地理解这个核心问题,先要弄清以下几点。

首先,康德对美的分析,以范畴表为指引按质、量、关系和模态四个契机逐次向前推进,推出了美的四个定义与若干个一般性定义,包括:

1. 按照质:鉴赏是通过不带任何功利的愉悦或不悦而对一个对象或一个表象方式做出评判的能力。这样的愉悦的对象就叫作美(参见康德:《判断力批判》,邓晓芒译,人民出版社2002年版);

2. 按照量:凡是没有概念而令人喜欢的东西就是美的(参见康德:《判断力批判》,邓晓芒译,人民出版社2002年版);

3. 按照关系:美是一个对象的合目的性的形式(Form der Zweckmäßigkeit),如果这个形式是一个没有目的表象(ohne Vorstellung eines Zwecks)而在对象上被知觉到的话(参见康德:《判断力批判》,邓晓芒译,人民出版社2002年版);

4. 按照模态:美就是一种没有概念[即不借助于概念]而被认作是

必然愉悦的对象（Gegenstand notwendigen Wohlgefallens）的东西（参见康德：《判断力批判》，邓晓芒译，人民出版社 2002 年版）。

而一般性定义则有：

1. 美是一种无须概念而作为一种普遍愉悦的客体而被表现出来的东西（参见康德：《判断力批判》，邓晓芒译，人民出版社 2002 年版）；

2. 美就是那种在单纯的评判中而令人喜欢的东西（参见康德：《判断力批判》，邓晓芒译，人民出版社 2002 年版）；

3. 我们可以一般地把美（无论是自然美还是艺术美）称为对审美理念之表现（Ausdruck ästhetischer Ideen）（参见康德：《判断力批判》，邓晓芒译，人民出版社 2002 年版）。

其次，关于美的性质的分析，大约按四个层次向前推进：

1. 对快适的愉悦（快意或快感）与对美的愉悦（美感）（第 3—5 节）；

2. 对美的愉悦（美感）与鉴赏（审美）判断（第 8—9 节）；

3. 纯粹的美（形式的美）与魅力的美（冒充的美）（第 13—14 节）；

4. 自由的美与依附的美（第 16 节）。

第一契机:鉴赏判断按质来看的契机

第 1 节　鉴赏判断是审美[感性]的①(译介)

[**提示**] 这里应当预先提醒:实际上在康德那里有三种美:自然美、崇高美、艺术美。这里的论述是从最基本、最纯粹、最自由的自然美开始的。在康德看来,无论是美感(包括自然美和艺术美)还是崇高感都是想象力的产物,因此没有想象力就没有美(包括自然美与艺术美)和崇高。

[**第 1 段**],鉴赏判断的主观规定性根据。康德一开头就指出:为了辨别某物是**美**还是**不美**,我们不是通过**知性**把某物的表象[康德把直观、概念和理念均称为表象,这里由知性所形成的表象是**概念**]与客体联系起来去加以认识,而是通过**想象力**(也许还与知性结合起来②)把某物的表象[这里由**想象力**所形成的表象是**感性直观**]与主体及其愉快或不愉快的**情感**联系起来[去加以辨别]。[这里康德一开头就突出了想象力在鉴赏判断中的核心作用。]所以鉴赏判断并不是认识判断,因而也不是逻辑判断,而是审美[或感性]判断[ästhetisch,双关词审美的或感性的],我们把

---

①　在康德那里 **ästhetisch** 包含双重意义:感性的与审美的,译者邓晓芒把两个含义打通使用。

②　康德说:"在一种认识中感性和知性的协调一致就是美。"(康德:《康德美学文集》,曹俊峰译,北京师范大学出版社 2003 年版,第 357 页。)

这种判断的**规定性根据**(Bestimmungsgrund)理解为只能是**主观的**[即主观的规定性根据]。[这里康德把鉴赏判断看成是感性与知性相结合的产物,所以他说:"鉴赏判断既是**感性判断**,又是**知性判断**。"(康德:《康德美学文集》,曹俊峰译,北京师范大学出版社2003年版,第204页。)]不过,[这种主观的]诸表象间的一切关系,甚至诸感觉(Empfindungen)[感觉和概念一样都是一种表象]间的一切关系却可以是客观的[而这里是指作为实在者(Reale)的经验性表象间的关系][在康德那里,"客观的"概念是模糊的,这里他把一切包含感性内容或经验内容的实在东西都称为"客观的",其实,对康德来说一切表象都存在于人们的心中,因而是纯粹主观性的东西,而真正的客观性是在物自身那里,但他却认为那是不可知的];而唯独[鉴赏判断的主体]对愉快或不愉快情感的关系不是这样,因为情感不标明客体中的任何东西,相反,主体在愉快或不愉快的情感中,正像被表象所刺激那样,他所感觉到(fühlt)的却是自己本身(sich selbst)[即只感觉到鉴赏主体自身的情感,因此这种感觉是主观的]。[这段话非常重要,这里已重译。]

[第2段],鉴赏判断的审美性。康德指出:[主体]以自己的**认识能力**去把握一座合规则、合目的的表象大厦[即显象世界的大厦]是完全不同于凭借**愉悦的感觉**去意识到这个**表象**[大厦]的。[因为]对**后者**来说,这种表象是在愉快或不愉快情感的名义下[可见愉快或不愉快的情感也是一种表象]完全与主体相关联的,即与主体的**生命感**(Lebensgefühl)相关联的。[康德说:"一个人感觉到他的生命,因享受生命而感到快乐。"(康德:《康德美学文集》,曹俊峰译,北京师范大学出版社2003年版,第194页。)]这就建立起一种极其特殊的辨别和评判能力,这种能力对**认识**[或知识]没有丝毫贡献,它不过是把被**给予的表象**[即感受]在主体中与心灵在其**情感状态**中所意识到的**全部表象能力**相对照。

而在一个判断中被给予的诸表象完全可以是**经验性的**(从而是**感性的**);但如果那些表象在判断中只与客体相关联,那么通过这种表象所做出的判断就是逻辑的[属于认识论范畴]。而如果这些被给予的表象是完全合理的(rational),但在关于它们的判断中只与主体(即主体的情感)相关联,那么这种判断就总是**感性的**[审美的]。

第2节　那规定着鉴赏判断的愉悦是
没有任何功利的(摘介)

　　[第1段],**关于功利**。康德说:"我称之为**功利**(Interesse,利害、兴趣、利益等意思,这里译为**功利**)的那种愉悦(又译为快感),就是把它与一个对象的实存的表象联结(verbinden)在一起的东西。所以这种愉悦又总是含有与欲求能力的关系(Beziehung),要么它是这种欲求能力的规定性根据,要么就与这种欲求能力的规定性根据必然相联系。但既然现在的问题在于某物是否是美的,那么我们就不想知道某物这个**物品**(Sache)的实存(Existenz)对我们或他人是否重要;而只想知道我们在单纯的[纯粹的]**观赏**(bloßen Betrachtung)(在直观或反思中)中如何评价它。"接着康德还以易落魁酋长和身居荒岛而无望返回人间的人为例说明他们对豪华宫殿之类的东西不感兴趣,说:"我们只想知道,单是对象的这一表象在我心中是否会伴有愉悦,而这表象对象的实存对我则是无所谓的。……每个人都必须承认,对美的判断(Urteil über Schönheit)只要含有丝毫的功利感,就会是有私心的而不是纯粹的鉴赏判断了。"[**但康德也承认饥寒交迫的人是没有美感的**。(参见康德:《判断力批判》,邓晓芒译,人民出版社2002年版,第100页)]

[第 2 段],康德提出,为了对这个"美还是不美"的鉴赏判断的命题做出更好的解释,就必须把同功利结合着的愉悦与纯粹的、非功利的愉悦对立起来,并指出除了下面所列的[两种]功利之外再没有别的功利了。

[这样,非功利性就成了鉴赏判断(审美)的质的规定性了。]

第 3 节　对快适的愉悦是与功利
相联结的(选译与详介)

[第 1 段],关于快适的界定。康德界定说:"**快适**(Angenehm,惬意、高兴)就是在**感觉**(Empfindung)中使**感官**(Sinn)[眼、耳、鼻、舌、肤]感到**喜欢**(gefällt,喜欢、满意)的东西。"随后指出,这里马上就遇到了**感觉**的双重含义。[一方面,]一切愉悦其**本身**(人们说的或想的)就是一种感觉[愉悦是一种感觉,因此对美的愉悦就是对美的感觉,即美感][即作为**愉快的感觉**(快感)],而恰好由于这种**感觉**使人感到喜欢就是**快适**的,[并且这种**快适感**(angenehm Empfindung)在程度上与其他快适感又有所不同,如妩媚(anmutig)、可爱(lieblich)、好看(ergötzend)、喜人(erfreulich)等等]。但[另一方面,]如果承认[上面]这一点,那么规定着**爱好**(Neigung)的感官印象[即对快适的愉悦]、规定着**意志**(Willen)的**理性原理**[即对善的愉悦]与规定着判断力的单纯反思的**直观形式**[即对美的愉悦],在对愉快情感的**作用效果**上就都完全一样了。因为这种效果在对情感状态中的**感觉**就是**快意**,我们的各种能力[包括认知的、欲求的和情感的]的一切处理最终都必然要指向实践(Praktische),并且其必然在作为它们的目的的实践中结合起来,所以我们不能指望这些能力对

这些物及其价值做出别的估价,除非这种估价在于它们[对人们]所预示的**快乐**(Vergnügen)。这里事情完全不取决于达到这一点的方式,只是由于手段(方式)的选择可以造成某种区别,因此人们虽然可以互相指责其愚蠢和不理智,但却不能互相指责其卑鄙和恶毒,因为每个人在按自己的方式看待事物时,毕竟都在奔向对每个人来说都是**快乐**的目标[这正是各有所好]。[这样看来对愉悦的感觉就要做具体分析了,这里为第5节三种愉悦的区分做了铺垫。]

[**第2段**],情感与认识的区别。康德指出:"如果我们把**愉快**和**不愉快**称为**感觉**,那么这一术语就意味着完全不同于我们把一件物品的表象(通过感官,即通过属于认识能力的接受性而来的)称为**感觉**时的东西,因为后一种表象[即关于物的感觉这种表象]与客体相关,而前者只与主体相关,并根本不能用于任何认识,而且也不能用于对**主体**[指内感官的对象心灵]的认识[即自我意识]。"[这样康德就把感性的情感活动与科学的认识活动区别开来了。]

[**第3段**],客观感觉与主观感觉的区别。康德说:"如果我们把**感觉**这个词理解为**客观感觉**的表象,那么为了避免陷于冒险,我打算把任何时候都只能停留在主观之中而决不能给出关于对象的表象的东西用通常惯用的**情感**这个名称来称呼。"[对康德而言感觉与情感有别,前者是**客观的感觉**,后者是**主观的感觉**。]他解释道:"[例如]草地的绿色属于**客观的感觉**,即属于对一个感官对象的知觉;但对绿色引起的**快意**却属于**主观的感觉**,它没有使任何对象被表现出来,也就是说它属于情感,凭借这种情感,对象是作为**愉悦的客体**(不是作为知识的客体)而被**观赏**(betrachtet)的。"[这样,客观感觉用于**认识**,主观感觉就用于观赏。]

[第4段]，结论：关于快适的判断。康德说："对一个**对象**来说，当我借助于一个判断把它宣布为**快适**时，它所表达的是对该对象的某种**功利性**（Interesse），这是由下述事实而导致的，即：通过感觉激起了对这一对象的**欲望**（Begierde），因此愉悦不是以对这一**对象**下判断为前提（voraussetzt）的，而是以这一**对象的实存**对由客体所激起的我的**状态**（Zustand）的关系为前提的。因此我们对于快适不只是说：它使人**喜欢**，而且说：它使人**快乐**。[这仅仅是一种**主观的感觉**。]这不仅仅是对快适的赞语，而且由此产生了**爱好**。这样，以最令人愉快的方式使人感到**快适**的东西根本不包含有关客体性状的任何判断，以至于那些永远以享乐为目的的人是很乐意免除这一切判断的[因为他们永远沉湎于快适的主观感觉和刺激中]。"

第4节　对善的愉悦（Wohlgefallen am Guten）
是与功利相联结的（详介）

[第1段]，关于善的功利性。康德给善下定义："善是凭着理性而由单纯概念来使人喜欢的东西。"接着又说："我们把一些东西称为对什么是好的（有利的）东西，这些东西只是作为手段而使人喜欢；我们还把另一种东西称为好的，它是单凭自身而使人喜欢的。这两种情况都包含有**目的的概念**，因而都包含有理性对（至少是可能的）**意愿**（Wollen）[即追求]的**关系**（Verhältnis），由此也就包含对一个客体或行动的**存有**（Dasein）的愉悦，即包含一种**功利**。"[可见善是功利性的东西。]

[第2段]，善与概念。康德指出，要想弄清某种东西是善的，就

必须知道该对象是怎样一个东西,也就是必须要拥有该对象的概念。而要弄清某种东西是美的,则不需要这样做。例如,一朵花,一幅自由的素描,或者一组无意味的互相缠绕的名为卷叶饰的线条,它们没有任何意义,不依赖于任何确定的概念,而使人喜欢。而**对美的愉悦**(**Wohlgefallen am Schönen**)[这就是康德在《康德美学文集》中所说的"美感"]则必须来自对某个对象的反思,而不经过把它导向某个概念,因此这种愉悦不同于**快适**,后者是完全建立在主观感觉之上的。

[**第3段**],快适与善的比较。康德指出:"人们常常把快适的东西与善的东西看作是一样的,因此常说:**一切快乐**[快乐是一种快适](特别是持久的快乐)本身就是善的,这等于说:成为持久快乐的人和成为善人是一样的。其实我们马上会发现这是一种混淆,因为与这两个词语[即快适与善]相关的概念是决不能互相替换的。比如,**快适本身**只有在与感官的关系中才表现出对象,它必须通过一个**目的概念**才首次被纳入理性的原则下,才能使其作为意志的对象而被称为善的。[这就是对善的愉悦。]这时善与愉悦的关系就完全不同了,即便我把引起快乐的东西都称作善,这是因为在善那里总会遇到间接善[作为手段的善]还是直接善[善本身]的问题,而快适就没有这个问题,因为它永远意味着某种直接令人喜欢的东西,而这也正是我**称之为美的东西所遇到的情况**[两者都是直接令人喜欢]。"

[**第4段**],快适与善相区别的实例。康德指出:例如对一道由各种佐料烹制的可口的菜肴我们会毫不犹豫地说它是令人快适的,但不能认为它是善的,因为它虽然使感官直接感到**惬意**(**Behagt**)[惬意是一种快适],但间接地,通过理性所预见到的后果来看,它就不会令人喜欢了[因为这道菜可能饮鸩止渴般地危害健康]。这里在评判健康时会

发现这种区别:健康对健康的人来说是直接的快适,至少它可以使人摆脱肉体的痛苦;而要说是善的,就必须**通过理性**来考虑它的目的,这就是它使人们对自己的事业处于充满兴致的状态。还有,关于幸福,人们相信生活中最大总量的**快意**(**Annehmlichkeit**)可以称为**真正的甚至最高的善**。不过理性对此也不能接受,因为快意就是享受(Genuß),但为了达到这一目的而对要采取的手段犹豫不决,这就是愚蠢,即使他要设法与人有乐同享,以为这就是他生存的价值,这也不能说服理性。因为对理性而言,只有他不考虑享受而完全处于自由中,他才能赋予自己的存在作为一个**人格**[冯友兰:人格即一人之**性情气质经验**等值总名(参见冯友兰的《中国哲学史》)]的生存以某种绝对的价值,而幸福连同其快意的全部丰富性都还不是无条件的善。

[**第5段**],结论:快适与善的一致性。康德说:"不管快适与善之间有多大的区别,它们在一点上是一致的:它们都与其对象上的某种功利结合着,不仅是快适,就是作为达到快适的手段而令人喜欢的间接的善和绝对的、在一切意图中的善,即带有最高功利的道德的善,也是一样的。因为善就是意志的客体,但对某物的**意愿**和对某物存有的**愉悦感**,即对某物感**兴趣**,这两者都是一样的。"[这样康德就把美与善完全区别开来了。]

第5节　三种不同特性的愉悦的比较(详介)

[**第1段**],**三种愉悦**。康德指出:**快适**与**善**都涉及对**欲求能力**的关系,其中前一种愉悦是带有以**生理学上的东西**[通过(本能的)**刺激**]为条件的愉悦,后者则是一种纯粹实践的愉悦,它们[这两种愉

悦]不仅是通过对象的表象,同时也是通过主体与对象的实存的联结而确定的。这样,不仅是**对象**[在对快适的愉悦中],而且就是**对象的实存**[在对善的愉悦中],也是令人喜欢的。**鉴赏判断**则只是**静观的**(kontemplativ)[只许看听不许摸碰的],它对一个对象的存有并不关心,而只是把对象的**性状**与愉快或不愉快的**情感**相对照。但**静观本身**(Kontemplation selbst)也不是针对概念的,因为**鉴赏判断**不是**认识判断**,(既不是理论认识判断,也不是实践认识判断),所以它[鉴赏判断]不是以概念为基础或以概念为目的的[因此与对善的愉悦不同]。[这里包含着下面要说的"对美的鉴赏所带来的愉悦",即后面所说的"对美的愉悦"。]

[**第2段**],**快适、美、善三者的比较**。康德指出,**快适、美与善**标志着**这些表象**对**愉快和不愉快情感**的三种不同**关系**,正是在这种**关联**中我们把它们的对象或**表达方式**区别开来。[看来愉快和不愉快的情感包含三种表达方式,即三种愉悦:对快适的愉悦、对美的愉悦和对善的愉悦。其实**愉悦**就是一种情感,这两者是完全可以通用的。(三者的关系可参见第23节)]而且我们用来标志这种关系中的**中意**(Komplazenz)**在其与每种关系相适合的表述**(Ausdrücke)**中也是不一样的。例如**:**快适**就是对某个人来说使他**高兴**的东西;**美**就是仅仅使他**喜欢**的东西;**善**就是使他**受尊敬、受称赞**的东西,即被他认定为有**客观价值**的东西。又如:**快意**[即快适]对无理性的动物也是适用的;**美**只适用于人类,即适用于既含有动物性又含有理性的**存在物**,也就是说这种存在物不单是有理性的(有灵魂的),还是有动物性的;而**善**对任何一个有理性的存在物都适用,这一点在后面才能得到完全的辩护和解释[实际上康德在《实践理性批判》中已经提到过了]。这样就可以说,在所有这**三种愉悦方式**中,唯有**对美的鉴赏所带来的愉悦**,才是一种非功利的和**自由的**愉

悦,因为没有任何功利,也就是既没有**感官的功利**[在快适中]也没有**理性的功利**[在善中]来对**赞许**(Beifall)加以强迫。所以愉悦在上述三种情况下,分别与**偏好**(Neigung)、**宠爱**(Gunst)、**敬重**有关[这就是**快感、美感与敬重感**]。其中**宠爱**则是唯一**自由的愉悦**。而偏好的对象和欲求的对象却没有留给我们任何成为愉快对象的**自由**。所有功利都以**需要**(Bedürfnis)为前提,或带来赞许的某种需要,而作为赞许的**规定性根据**,这种需要也不再容许对对象判断的自由了。[这样就有了**三种愉悦**:1.对快适(惬意、舒适)的愉悦——令人偏好的东西;2.对美的愉悦(自由的愉悦)——令人喜爱的东西;3.对被敬重的愉悦——使人敬重的东西。]

[第3段],关于**快适与风尚**。康德指出,至于在快适上的**偏好的功利**,每个人都会说:饥饿是最好的厨师,对有胃口而处于饥饿状态的人来说,任何可吃的对象都是有滋味的,因此这种[吃饱的]愉悦并不是按品位来选择的,所以只有当需要被满足之后,我们才能分辨出众人中谁有品位,谁没有品位。同样对**道德风尚**来说,也有无德行的风尚(Sitten),如不友好的客套、缺乏正直的礼貌等等。因为在显示风尚法则的地方,究竟什么是该做的事情,客观上并没有自由的选择,所以在自己的举止中显示出品位,是完全不同于表现自己的道德思想境界的。总之:后者包含一个**命令**并由此而产生某种需要[例如至善就含有追求幸福的要素],相反风尚的品位却只是同愉悦的对象做**游戏**,而不眷恋于某个对象。

[结论] 从第一契机推出的说明(第一定义)

这里是康德按照质,给美下的**第一个定义**:鉴赏是通过不带任何功利的**愉悦**或**不悦**而对一个对象或一个**表象方式**［实为**表现方式**］做出评判的能力。**这样一种［不带任何功利的］愉悦的对象**就被称作美。［这样按康德的说法,美按照质,表现为非功利性(参见康德:《判断力批判》,邓晓芒译,人民出版社 2002 年版,第 85 页)。而实际上,这里突出的是美的"纯粹的非功利性",其实其与质的范畴并没有直接关系,如果说有关系,那也只能是非功利的否定性(Negation)或消极性的间接关系,但康德却没有这样说。至于对美的性质的说明为什么从质开始,可参看康德:《判断力批判》,邓晓芒译,人民出版社 2002 年版,第 82、85 页及本书作者的评论。]

[短评] 首先,对康德而言,有三种先天的认识形式:感性的时空、知性的范畴与理性的理念,它们先天地存在于人们的头脑中,是抽象的与空洞的,因此是无法感知到的,这是其《纯粹理性批判》一书说清了的,这就是康德的形式唯心论,即主观的形式本体论或形式决定论。其次,康德的美学就是建立在先天感性形式(时空)这一主观的形式本体论或形式决定论基础上的,对康德而言,没有这种形式本体论就谈不上形式美,这就是他的主观形式主义即主观形式本体论美学。最后,康德的这种主观形式主义美学毫无疑问是唯心论的,但康德毕竟开辟了美学研究的独特思路,开辟了美学史的新篇章,他把审美活动中的以人为本的人本主义思想贡献给了美学,这毕竟还是很有价值的和不能否认的。

第二契机:鉴赏判断按照量来看的契机

[提示] 这里康德从美感的非功利性推出了美感的主观普遍性是非常重要的,因为美感如果没有普遍性就没有美学了。

第6节　美是一种无须概念而作为一个普遍愉悦的
客体而被表现出来的东西（译介）

　　康德论证说："这个关于美的说明（Erklärung）[即标题中的定义]是从前面关于美的非功利性说明推导出来的。这种推论是：一个东西，如果某人意识到对它的愉悦是没有任何功利的，它对这个东西就只能做这样的评判，即这个东西必定含有一个使每个人都愉悦的根据。因为既然这种愉悦既不是建立在主体个人的爱好之上，也不是建立在另外考虑的功利之上，而是判断者感到对对象的愉悦的产生是完全自由的，所以他不可能把他个人的私人条件当作这种愉悦的根据，因而这种愉悦必须被看作同时也是在每一个人那里预设为有根据的东西。[这样就从美感无功利性推出美感的非个性，再推出美感的普遍性，这是形式逻辑的非此即彼推论法。]因此他必定相信有理由期望在每个人那里都会产生一种类似的愉悦。于是他就会这样来谈美：美就像对象的一种性状似的，而审美判断就像是关于客体知识的逻辑判断似的[具有普遍性]，尽管这种判断是感性的（审美的），并且只包含对象的表象与主体的某种关系。出现这种情况，是因为审美判断与逻辑判断的相似性，这使审美判断也被预设为对每个人都具有有效性，但这种普遍性毕竟不是从概念而来的。因为没有从概念到**愉快**和**不愉快**情感的任何过渡。这样一来，与意识到自身中脱离了一切功利的鉴赏判断必然相联系的，就是一种不带有基于客体之上的普遍性的并对每个人都有效的**要求**（Anspruch），也就是说，与这种要求结合在一起的必须是某种对**主观普遍性**（subjektive Allgemeinheit）的要求。"[这里康德从美感的非功利性推出了美的主观普遍性,即从美的质的规定性推出美的量的规定性。而这种"主观的普遍性"就是《导言》V中所阐明的判断力的"先验原则",即先天根据,准确说是先天的因果性根据。当然这种推导是难以令人信服的。]

第7节 按美的上述特征把美与快适
以及善加以比较(译介)

[第1段],**快适的特点**。康德指出:"就快适看来,每个人都会同意:他的判断依据的是**个人感受**,而且他借此说一个对象使他喜欢,这样的判断只限于**他个人**。比如他说香槟酒是快适的,别人则纠正他,他应当说:这对我来说是快适的,这时他会感到满意。这种情况不仅对舌头、腭部和咽喉的味觉如此,而且对眼睛和耳朵等感官可能使人感到快适的东西方面也是如此。例如有人说**紫色是可爱的**,另一人说**它是僵硬死寂的**;一个人喜欢管乐声,另一个人喜欢弦乐声,对此而发生争执是愚蠢的,因为快适适用于这样的**原理**:每个人都有自己独特的口味和嗜好。"

[第2段],**美的特点**。康德说:"美的情况就完全不同了。如果有人对自己的鉴赏力沾沾自喜,想为自己辩护说:这个对象(如某座房子、某件衣服、某次演奏、某一首诗)**对我来说**是美的,这是很可笑的。因为如果有许多东西可以使他受到刺激或产生快意,这是他个人的事情;但如果他宣布某物是美的,那么他就会期待别人有同样的愉悦,这时他不仅为自己的感受下判断,也在为别人的感受下判断,因此他谈到美时就好像它是物的一个属性似的。所以他就说:**这个**

东西是美的,并不是因为他多次发现别人赞同这一点,而是**要求**别人赞同他。如果别人做出不同的判断,他就会指责他们并否认他们有鉴赏力,而他则要求他们应当具有这种鉴赏力。因此我们不能说:每个人都有自己独特的鉴赏力。因为这样说就等于根本就没有鉴赏力,因而也就没有任何合法地要求每个人都赞同的**审美判断**。"[这样康德就把美与快适区别开来了。]

[**第3段**],善的特点。康德最后说:"在善这方面虽然也有权要求关于它的判断对每个人都有效,但善却是一个只通过概念而表现出来的某种普遍令人愉悦的客体,而这却是快适和美都不具备的。"[这样美与善也是不同的了。]

第8节　愉悦的普遍性在鉴赏判断中
只表现为主观的(详介)

[**第1段**],审美判断的研究。康德提出,鉴赏判断中碰到的**审美判断**的普遍性对先验哲学家是值得注意的事,它要求**先验哲学家**花费力气去发现这种普遍性的根源,并揭示我们认识能力的某种属性,而没有这种分析我们就将停留在未知之中。[其实康德在这上面花费了不少心思,但也遇到一些**难解的矛盾**,主要是形式与内容的矛盾。]

[**第2段**],**两种鉴赏**。康德指出:关于美的鉴赏判断要求每个人在一个对象上感到愉悦,但却不依靠概念而要求**普遍的有效性**,这就是某物被宣称为是**美的**这样一个判断。而在快适方面,每个人都可以有自己的看法,没有人会指望别人赞同他[自己]的[所谓]**鉴赏判断**,这种别人也赞同的情况在关于美的鉴赏判断中却是时刻都在发

生的。现在,我把关于**快适**的判断称为**感官鉴赏**(Sinnen-Geschmack),而把**关于美的判断**称为**反思鉴赏**(Reflexions-Geschmack),前者是个人的判断,后者是**普适性**的判断,但两者又都是感性的即**审美的**[或为感性的]①(而非实践的)**判断**。而令人奇怪的是,对于**感官鉴赏**人们并不要求普遍有效,而**反思鉴赏**虽然经常遭到反对,但人们仍然觉得可以要求普遍的赞同。

[第 3 段],**主观的量**。康德称一种不基于客体概念之上的**普遍性**完全不是逻辑上的,而是感性的,这种感性的普遍性不包含判断的**客观的量**(objektive Quantität),而只包含着判断的**主观的量**(subjektive Quantität),这种主观的量也可以用**普适性**来表达。不过这种普适性不表示一个表象对认识能力的有效性,而是表示它对**每个主体**的愉快或不愉快的情感的关系的有效性。

[第 4 段],**鉴赏判断的主观普遍有效性**。康德认为,一个客观的普遍有效判断也总是主观上普遍有效的,这是指:如果一个判断对包含在某个概念下的一切东西都有效,那么它对每个用这个概念表示一个对象的人也都是有效的。但从**主观的普遍有效性**中,即从不基于任何概念的感性的(即审美的)普遍有效性中却不能推出逻辑的[即认识的(客观的)]普遍有效性,因为那样一种判断(鉴赏判断)是根本不针对客体的。正因为如此,一个判断即使加上感性的即审美的普遍性,也必然属于**特殊的类型**。因为这个判断不是把美这个谓词与客体的概念相联结,而是把这个谓词扩展到所有**做判断的人**[即

①　参见康德:《康德美学文集》,曹俊峰译,北京师范大学出版社 2003 年版,第 461 页注释①的解释。

主体]的范围中去。

[第5段]，鉴赏判断、感官判断、对善的判断的区别。[首先]，就逻辑的量[即纯粹知性范畴中的量]方面看，一切**鉴赏判断**都是**单一性判断**[如：这朵玫瑰花是美的]。因为我必须在我的愉快或不愉快的情感中抓住一个对象，但又不是通过概念，所以那些判断不可能具有客观普适性判断中的量。尽管当鉴赏判断的客体的**单一性表象**，按规定该鉴赏判断的[前提]条件通过比较使它[单一性表象]转变为一个概念[如玫瑰花]时，就可以从中形成一个逻辑的普遍判断。康德举例说：我审视**这朵玫瑰花**，通过一个鉴赏判断宣称它是美的[说"这朵玫瑰花是美的"，这就是一个单一性判断]；反过来，我通过对许多单个玫瑰花的比较而形成了"一般而言玫瑰花是美的"这一判断，它就不再仅仅是一个审美的(感性的)判断，而是一个以审美的(感性的)判断为根据的**逻辑判断**了。[其次]，有这样一个判断：**这朵玫瑰花的气味是快适的**，这虽然也是一个感性的单一的判断，但不是一个**鉴赏判断**，而是一个**感官判断**。两者的区别是：鉴赏判断带有一种普遍的，对每个人都有效的**审美的量**，而在关于快适的判断[感官判断]中是找不到这种量的。[最后]，就**对善的判断**而言，虽然它们也规定着对一个对象的愉悦，但却具有**逻辑的普遍性**而非仅仅是**感性的普遍性**，因为它们适用于客体，被视为客体的知识，所以对每个人都有效。

[第6段]，关于美。康德指出："如果我们只按照概念来评判客体，那么一切美的表象(Vorstellung der Schönheit)就都消失了，从而也就不可能有任何规则使某人必然地据以宣称某物是美的。[这就是说，光靠客体的概念就没有美了。]例如，**一件衣服、一座房子、一朵花**是不是美的，对此人们不能用任何**感觉**[主观的感觉]或**原理**[纯粹知性的原理或

原则]来说服别人接受自己的判断。这时人们就要把一个客体置于自己眼前[加以观赏],就像他的愉悦依赖于他的感觉那样;但当我们把这个对象称为美的时,我们就相信自己会赢得**普遍的呼声**(allgemeine Stimme),并要求每个人都赞同,至于那种**个人感觉**(Privatempfindung)却只能根据观赏者个人及其愉悦感来裁定了。"[这就是主观的普遍性或普适性了。]

[这里康德强调了鉴赏判断的个体性与主观性,只是在此基础上才提出鉴赏判断的普适性,即主观的普适性,认为这种普适性来自人的类性,即费尔巴哈与马克思所说的"人的类的本质"或"属人的本质"。这种类本质的体现就是审美判断中的"人同此心,心同此理"。]

[**第7段**],关于鉴赏判断的理念。康德指出:"**鉴赏判断**所假定的只是一种不借助于概念而在愉悦方面的**普遍呼声**,因而能够被看作同时对每个人都有效的某种**审美判断的可能性**。但鉴赏判断本身并不**假定**每个人的认可(只有逻辑判断才能做到这一点);它只是**期待**每个人的认可,就像按照常例它不是从概念中,而是从他人的认可中期待着证实一样。所以这种普遍的呼声只能是一种**理念**……"[**因此康德给美下的一般性定义是:**"我们可以一般地把美(无论是自然美还是艺术美)称为对审美理念的表现。"(见第51节)**而理念则是理性概念,正是在这个意义上,如康德所说,鉴赏判断与理性发生了联系。**]

第9节 需要研究的问题:在鉴赏判断中愉快的情感
先于对对象的评判还是后者先于前者(简介)

[**第1—2段**],问题的重要性。康德认为:解决这个课题是理解

鉴赏批判的**钥匙**。因为如果是愉快的情感先行,那么它就只能具有个人有效性,而与普遍可传达性相矛盾。

[**第3—4段**],**心灵状态的普遍可传达性**。康德指出,在一个被给予的表象(如愉快的情感)中有一种心灵状态的普遍可传达性,它作为鉴赏判断的主观条件,必然是鉴赏判断的**基础**,而对对象的愉悦则必然是其**结果**。而除了知识和属于知识的表象,不能有别的什么可普遍传达的东西。但知识及其表象是客观的,并因此才有一个普遍的结合点,所有人的表象力都必须与这个结合点相一致。而[这里]这个普遍可传达性判断的根据既然是主观无概念的,就无非是在表象力的相互关系中所遇到的**心灵状态**。而由表象所唤起的诸认识能力在这里是处于**自由游戏的情感**(Gefühls des freien Spiels)中。现在由以形成**知识的表象**的,有**想象力**,为的是直观的杂多的**联合**,以及**知性**,为的是[给这种杂多]以概念的**统一**(Einheit)。但诸认识能力在被给予的表象上的**一种自由游戏状态**(Zustand einesfreien Spiels)必须是可普遍传达的。[这种认识能力的**自由游戏**恰恰是康德自由主义美学的**基石**。]

[**第5—6段**],**结论**。康德指出,在一个鉴赏判断中表象方式的主观普遍可传达性,无非是想象力和知性**自由游戏**中的**心灵状态**[这种心灵的自由游戏正是人类心灵的自由天性],所以在对对象或对象由以被给予出来的表象的纯主观的(审美的)评判中,其就**先于**对对象的**愉快情感**[美感]而出现了。[这里康德强调的是:在鉴赏判断中想象力与知性所进行的自由游戏先于美感,目的是突出鉴赏判断中人的心灵活动的自由本性。这里可以透露出康德美学的自由主义色彩。这一点是必须深刻领会的。]

［结论］从第二个契机推出的美的说明

这里是康德给美下的**第二个定义**："**凡是没有概念而令人喜欢的东西就是美的。**"［**按康德的说法，美按照量**，表现为**普遍有效**(参见康德:《判断力批判》，邓晓芒译，人民出版社2002年版，第85页)。**其实这里强调的是美感的普遍认同性。**］

［**短评**］这里康德关于鉴赏判断中心灵状态的自由游戏的美学学说具有非凡的意义。

首先，没有主体心灵的自由活动就没有美的鉴赏活动，而没有鉴赏活动就没有美学。

其次，心灵的自由活动是人的类本质或人性的体现，对于抵制审美活动的机械唯物论反映论观点具有决定意义。

最后，康德的这一学说为马克思关于审美活动体现在人的自由自觉活动即生产劳动中的理论起到了奠基作用，对发展马克思主义美学具有不可估量的意义。

第三契机：鉴赏判断按照目的关系
(Relation der Zwecke)来看的契机

［**提示**］这里康德把合目的性列为因果关系的范畴，应特别加以注意。

第10节 一般合目的性（译介）

[第1段]，**目的与合目的性的定义**。康德指出："如果按照**先验的规定**（而不是以愉快的情感之类的经验性东西为前提）来解释**目的**，那么**目的**就是**一个概念**[所指]**的对象**，只要**这个概念**被视为那个对象的**原因**（**Ursache**）（即对象的可能性的实在根据）[按照康德的先验论，不是对象或客体使概念或表象可能，而是概念或表象使对象或客体可能，参见导言Ⅳ]；而一个概念的**因果性**就对其客体[即对象]来说就是**合目的性**（**Zweckmäßigkeit**）（forma finalis，拉丁文：目的性的形式）的。[这样，在康德看来，合目的性就是合因果性，这里是指合**形式目的**，这是典型的先验的形式唯心论或形式目的论。]所以，不仅是对一个对象的**认识**，而且**对象本身**（**Gegenstand selbst**）（它的形式或实存）作为一个**结果**（**Wirkung**），都只有被想象为通过一概念这结果才可能的时候，这时人们所想到的就是一个**目的**。而这一**结果的表象**（**Vorstellung der Wirkung**）在这里就是该结果的原因的规定性根据，并且先行于它的原因。[这样，在康德看来，结果就成了原因的根据，没有结果原因就不成其为原因，因此结果先行于原因而被认识。]某种关于主体状态的并使主体保持同一状态的表象，对它的因果性的意识可以普遍地表明，我们称之为**愉快的东西**，而不**愉快的表象**则包含主体状态的反面，即阻止或取消这种状态。"[可见目的概念与因果性概念密切相关。]

[第2段]，**意志与合目的性**。康德指出：**欲求能力**，如果它只是通过概念，即按照一个目的的表象[如至善]去行动，因而是可规定的，那么它就会是**意志**。[这样的**欲求能力**就是**意志**，因此意志就是按照一个目

的的概念去追求一个实际结果的能力。]但一个**客体**、一种**心灵状态**或一种**行为**,虽然它们的可能性不是必然以**一个目的的表象**[即目的概念]为前提的,但**它们**也被称为是合目的的,只不过是由于我们把一个按照**目的的因果性**,即把一个**意志**按照某种**规则**[即因果性规则]的表象来安排,并把这个意志假定为[上述]**客体等**的根据,这样才能解释和理解它们[即客体等]的可能性。这样如果我们不把某种**形式的原因**(**Ursachen Form**)[即形式因,与所谓的质料因相对]置于一个意志中,那么**合目的性就可能是无目的的**[这就是"无目的的合目的性",这里"无目的"中的"目的"是指质料或内容,而"合目的"中的"目的"则是指形式],但是我们毕竟能使对这种**形式**的可能性的解释,只凭我们把它从一个意志中推导出来而被我们所理解。因为我们对我们所观察到的东西并不总是必须通过理性去洞察,所以即便我们没有把一个目的(作为目的关系的**质料**)当作合目的性的基础,我们也至少可以考察一种**形式的合目的性**,即便没有别的,就靠反思也能在对象上把它**揭示**出来。[这样就推导出了"形式的合目的性"即"无目的的合目的性",此节非常重要,这里已重译。]

第 11 节 鉴赏判断只以一个对象(或它的表象方式)的 合目的性的形式为根据(摘录)

[**第 1 段**],**鉴赏判断的特点**。康德指出:"**一切目的**,如果把它当作**愉悦**的根据,就总要带有某种功利,把它当作是判断愉快的对象的规定性根据。这样鉴赏判断就不能以**主观目的**为根据了。但也没有某种客观目的的表象,即对象本身按照目的关系的原则的可能性表

象,从而也就没有什么善的概念(Begriff des Guten)——可以规定鉴赏判断。因为这是一种**审美判断**而不是**认识判断**,所以它不涉及关于**对象性质**[即质料或内容]的概念,以及对象通过这个或那个原因而具有的内在或外在可能性的概念,而只涉及诸**表象力**[感性、想象力、知性等]相互间在它们被一个表象[即直观、概念、理念]所规定[确定]时的**关系**。"[这样康德就又推出了**鉴赏判断**所具有的**诸表象能力**间相互关系上的特点。]

[第2段],**主观合目的性的形式**。康德接着说:"既然把一个作为**美的对象**规定为这样一种关系,使其与愉快的情感相结合,而这种愉快又通过鉴赏判断被宣称为对每个人都有效;所以由一种表象伴随着的快意[指愉快的情感],像对象的完美表象和善的概念一样,都不可能包含[关于美的鉴赏判断的]规定性根据。所以除了在一个**对象的表象中**的**主观合目的性**外,再没有任何其他的[不论是**客观的**(在善中)还是**主观的**(在愉悦中)]**目的**。那被我们判定为不通过概念而能**普遍传达**的那种**愉悦**,就构成了鉴赏判断的**规定性根据**,由此就只还有[审美的]对象借以被给予我们的**那个表象**中的[主观]合目的性的**单纯形式**(bloße Form der Zweckmäßigkeit),如果我们能意识到这种**形式**的话。"[这样康德就推出了鉴赏判断的主观合目的性的形式的规定性根据,即形式根据,这正好体现了他的先验的形式主义即主观形式决定论的美学思想。但对这段话的理解,各译本间的差距很大,故已重译。这里康德所讲的美感的主观合目的性形式思想与孟子所言——"万物皆备于我矣。反身而诚,乐莫大焉"是志趣相通的。]

第12节 鉴赏判断基于先天的根据
(Gründen a priori)(译介)

[第1段],**愉快或不愉快情感的因果性**。康德说:把愉快或不愉快的**情感**作为一个结果和某个作为原因的**表象**(感觉或概念)**先天地**联结起来这一点说清楚,是绝对不可能的;因为那样一来就成了一种因果关系,而这种(经验对象间的)因果关系永远只能**后天地**并借助于经验本身才能被认识。虽然我们在实践理性批判中已经把敬重的**情感**(**Gefühl der Achtung**)[敬重感]从**普遍的道德概念中先天地**推导出来了[参见《实践理性批判》中的"纯粹实践理性动机"论]。但在那里我们已经引入了**出于自由的因果性**了。……既然是这样,与概念[关于善的道德概念]结合着的愉快,要从作为单纯**认识的概念**中推导出来,就会是白费力气了。

[第2段],**审美判断中的愉快情感**。康德又接着说:现在,审美判断中的**愉快**[的情感]也有类似的情况:只是这种愉快只是**静观**的,并不产生对客体的功利关系,而相反,在**道德判断**中的愉快则是实践的。[而实际上,]在一个对象借以被给予的**表象**那里,对主体诸认识能力的[自由]游戏[即**联想**或**沟通**,见第9节]中的**单纯形式的合目的性意识**就是愉快本身,因为这种**意识**[形式的合目的性的意识]在一个**审美判断**中包含主体在激发其认识能力方面的**活动性**(**Tätigkeit**)的规定性根据,**因而其包含**一般认识能力方面的,但却不被局限于一个确定知识[如:这草地是绿的]上的某种**内在的因果性**(这种因果性是合目的的),所以**包含一个表象的主观合目的性的单纯形式**。[这几句话已参

照邓晓芒、李秋零译本重译,主要讲了审美判断的三个"包含有",突出点明了美感的本体性根据,我们要牢牢加以把握。][但]这种愉快也绝不在任何方式上是实践的,也就是说,既不像从快意的生理学而来的愉快[在感官鉴赏那里]那样,也不像从被表象的善的**智性**[包括知性与理性]**根据**而来的愉快[在**欲望**那里(见《实践理性批判》)]那样。但是这样一种愉快毕竟有其**因果性**,即无须进一步的**意图**[即动机]而保持这一表象本身的状态和诸认识能力的活动[的因果性]。这里我们流连于**美的观赏**(Betrachtung des Schönen),因为这种观赏在自我加强和自我再生,这与逗留在一个对象表象的刺激反复唤醒着注意力,但心灵却是被动的那种情况是类似的(但毕竟是不一样的)。[这样康德就推出了鉴赏判断的先天根据,这就是先天的"**主观合目的性的单纯形式**"即先天的"**形式的合目的性**"根据。]

第13节　纯粹的鉴赏判断是不依赖于
刺激和感动的(摘录)

首先[第1段],鉴赏判断与功利的关系。康德认为:"**一切功利都败坏着鉴赏判断并将取消其无偏袒性**,尤其是在它不像理性的功利那样把合目的性置于愉快情感之前,而是把合目的性建立在愉快情感的基础之上,就更是如此。这后一种情况在对使人快乐或痛苦的某种东西做审美判断时总是会发生。因此这样被激起的判断对于普遍有效的愉悦,要么完全不能提出什么要求,要么就只能提出很少的要求,就像后一类感觉处于鉴赏的规定性根据中间的情况那样。这样,当鉴赏为了愉悦而需要混入**刺激**(Reiz,魅力或诱惑)和**感动**

(Rührung),甚至把它们作为自己的鉴赏尺度时,这种鉴赏就是很粗俗的了。"

[第2段],**对刺激的误解**。康德接着指出:"刺激常常因其对审美的普遍愉悦有贡献而被算作是美[**可是美本来只应当涉及形式**(这个提法关系到美的真正本质,非常重要)],而且**它们本身**甚至还被冒充为美,这样愉悦的**质料**就被冒充为**形式**了。这是一种误解,是可以通过对这些概念加以细心规定而消除的。"

[第3段],结论。最后康德给**纯粹鉴赏判断**下定义说:"一个不受刺激和感动的任何影响[不论它们是否与**美的愉悦**(即美感)相结合],因而只以**形式的合目的性**为规定性根据的鉴赏判断,就是一个**纯粹的鉴赏判断**。"[这里要注意康德给鉴赏判断下定义说:鉴赏判断是"通过鉴赏而对一对象作出的评估是想像力的活动中的自由与知性的合规律性之间的协调一致或互相冲突的一种判断"(康德:《康德美学文集》,曹俊峰译,北京师范大学出版社 2003 年版,第 204 页)。]

第 14 节 [关于美的]举例说明(摘译)

[**提示**]这里值得注意的是康德对艺术美的论述。

[第 1—2 段],**真正的鉴赏判断**。康德指出:"**感性判断正如理论**(逻辑)判断一样可以区分为**经验性的**和**纯粹的**[即先天的]。前一个陈述**快意与不快意**,后一个陈述一个**对象**或其**表现方式**的美;前者是**感官判断**(即质料的感性判断),后者(作为**形式的感性判断**)是真正的**鉴赏判断**。""所以一个鉴赏判断只有当没有任何经验性的愉悦参

加到它的规定性根据时,才是纯粹的。不过参加的情况是每当鉴赏判断含有魅力(刺激)或感动成分时,才会发生的。"

[第3段],反对意见。康德称:一种意见"妄称魅力(刺激)不光是美的必要成分,相反它自身就足以被称为美的。一种单纯的颜色(bloße Farbe),如一片草地的绿色;一种单纯的音调(bloßer Ton)(不是声响或噪音),如同一把小提琴的音调,它们本身就被多数人宣称为美的;虽然它们两者都是以表象的质料,即以一种感觉,为基础的,因此只配称之为快适的。不过我们同时却发现,对颜色和声调的感觉只有当它们都是纯粹的时,它们才能真正被称为美的,这已经涉及[美的]形式的规定,这也是美的表象中唯一可普遍传达(allgemein mitteilen)的东西,其原因是:感觉的质(Qualität der Empfindungen)[按康德,感觉是感性直观的质,而时空则是感性直观的纯形式,这种形式自身亦具有多样性]不能认为在主体间达成一致,而对一种颜色的快意超过另一种颜色,或一种乐器的音调的快意强于另一种乐器的音调,这是很难设想在每个人那里都会受到同样评判的的。"

[第5—6段],纯粹性、形式、美与魅力。康德认为:"在一个单纯的感觉方式中,感觉的纯粹性意味着这种感觉方式的一律性不被异类的感觉所干扰或打断,而且仅仅属于形式;因为在这里我们可以把那种感觉方式的质抽象掉。[这里感觉的纯粹性=形式]因此,一切单纯的颜色[如红、黄、绿、蓝等],就其是纯粹的而言,将被认作是美的;而那些混杂的东西就没有这个优点:这正是因为,它们不是单纯的,我们没有任何尺度去评判它们是不是纯粹的。[这里的问题是:美的纯形式是感觉不到的,人们感觉到的只是具体对象中的形式(如红旗、黄花、绿草、蓝天等),正如纯粹空间(绝对空间)是感觉不到的,人们感觉到的只是相对的物质的

空间。这个问题康德是没有说清楚的,因此谈论纯粹的颜色和声调的美,正如谈论纯粹的光波与声波的美一样,是不可思议的,鲍桑葵在《美学史》中指出了这一点。][当然这是他的主观形式唯心论或主观形式主义美学的致命弱点。]……当然,**魅力**可能协助美,使心灵通过对象的表象对单纯的愉悦之外的东西感兴趣,以便提高鉴赏,促进鉴赏的培养,特别是当鉴赏力尚属粗野和未经陶冶之时。但如果这些魅力作为美的评判根据而把人们的注意力吸引到自己身上来,实际上其就损害了鉴赏判断。"[一片草地的绿色不是美,只有纯粹的绿色才可以称为美,这是最荒唐的形式主义美学。]

[**第7段**],关于**艺术美**[这里康德在**自然美**中插入了**艺术美**]。康德认为:"在绘画中,雕刻艺术中,乃至在一切造型艺术中,在建筑艺术、园林艺术中,就它们为**美的艺术**(schöne Künste)[即**艺术美**(Kunstschönheit)]而言,[体现纯形式的]**素描**(Zeichnung)都是根本性的东西,在素描中,不是通过其感觉而使人快乐的东西,而是通过其**形式**而使人喜欢的东西,才构成了鉴赏的一切**素质**(Anlage)的基础。而使轮廓生辉的颜色则属于魅力(即刺激),它们虽然使对象的感觉生动起来,但不能使其值得观赏和使其成为美,不如说它们大部分是受到**美的形式**所要求的东西限制着的,即使在魅力被容许的地方,它们也只是由于**美的形式**才变得高贵起来。"[这就是康德关于**形式主义艺术美**的经典表述了。参见马克思所讲的,"劳动创造了美",并且是"按照美的规律来塑造的";"形式美",包括"最美的音乐"、"最美的景色"等。但在马克思那里美是形式与内容的统一体,没有内容的形式正如没有形式的内容一样都是空洞的,没有意义的东西。]

[**第8段**],**感官对象的形式及其魅力**。康德认为:"感官对象(不仅有外感官的对象而且间接地还有内感官的对象)的**一切形式**,要么

是**形象**[静态的]，要么是**游戏**[动态的]。而在后一种场合下，要么是**形象的游戏**（在空间中，如表情与舞蹈），要么只是**感觉的游戏**[在时间中（如乐曲）]。[这里谈到了艺术美的形式与空间和时间的关系，应加以特别注意，遗憾的是康德没有详细展开。]**颜色**或乐器发出的悦耳音调的**魅力**可以参加进来，但只有形象中的**素描**和游戏中的**乐曲**才构成**纯粹鉴赏判断**的真正对象。至于颜色与音调的**纯粹性**乃至它们的多样性及其鲜明的对比，显得对美也有贡献，但这并不是说它们本身是快适的就增加了形式上的愉悦，而只是因为它们使**形式**更清晰、更确定和更完整地**被直观**到而已，此外其还通过它们的魅力而使表象生动起来，以便唤起和保持对于对象本身的注意。[可见康德并不否认颜色与音调等感性的质在审美中的作用。]但不能因为它们是快适的，就把它们与**形式上的愉悦**看成同等性质的东西。"[这样，在康德那里，感官世界（包括外感官世界与内感官世界）中万紫千红的颜色和铿锵悦耳的乐曲未必是美，只有它们的纯粹形式才是美，而美的多样性则不过取决于纯粹直观（即空间与时间）形式的多样性。只是这里康德对人的内感官世界（即心灵）的美（如乐曲），谈得很少，甚至有点忽视，这不能不说是一个很大的缺欠。这里又一次暴露了康德形式主义美学的先天不足。]

[**第9—10段**]，关于装饰与感动。康德认为这两者虽有其一定作用，但本身并不属于美。

[这样看来，康德所举出的纯粹艺术美的形式就完全是抽象的、空洞的、枯燥的、不可感知的、不能直观的，甚至是无法理喻的东西了，以这样的艺术美为内容的美学简直就像一园无花果一样不可思议了，这不能不是他的形式唯心论和形式决定论的不幸。当然康德后来在分析论第一章的总注释中做了适当的说明与补救，乃至显示出康德关于"纯粹自由美"的美学思想的精华所在。]

第 15 节　鉴赏判断完全不依赖于完善性概念(详介)

[第 1—2 段],从**客观的合目的性**说起。康德论证说,**客观的合目的性**只有借助于杂多与一个**确定目的**的关系[是多与一的关系],即只有通过一个概念才能被认识。[这是感官判断中的事。]仅从这一点就可说明:在对其评判[即鉴赏判断]上单以某种**形式的合目的性**,即以某种**无目的的合目的性**为根据的美就是完全不依赖于**善的表象**的[这里的善不是指**道德的善**,而是指**完满的善**,以目的概念为根据的善],因为这后者是以**客观合目的性**,即以对象与某个确定的目的为前提的。[形式的合目的性 = 无目的的合目的性,因为单纯的形式是不包含内容的。]

而**客观合目的性**要么是外在的,这就是**有用性**,要么是内在的,这就是对象的**完善性**(Vollkommenheit,完满性)。但很显然,我们由以把对象称为美的那种对对象的愉悦,是不能建立在对象的有用性表象之上的,这一点从上两章足以看出来:因为如果是那样,愉悦就不会是对对象的一种直接愉悦,而这种直接愉悦则是关于美的判断的基本前提。一个客观的**内在合目的性**,即**完善性**,已经接近于美的谓词了,因此被一些著名哲学家(莱布尼茨)看作是与美等同的,只是有一个附加条件:如果这完善性是被含混地思维的话。这样,在一个**鉴赏批判**中判定美是否能够溶解(auflösen)在完善性概念中,就有极大的重要性了。

[第 3 段],合目的性与完善性。康德指出,在评判**客观合目的性**时总是需要某个目的概念以及一个含有对象的内在可能性根据的**内在目的的概念**。这就像对**一般目的**而言,其概念可以被看作是对象

本身的可能性根据一样，为了在**一个物**上表现一个**客观合目的性**，那么该物应当是怎样一个物的概念就会走在前面；这时该物中的杂多与这个概念［它成为该物中杂多联结的规则（这是《纯粹理性批判》一书说清了的）］的协调一致就是该物的**质的完善性**。因此不同的是作为一物在其种类上的完备性的**量的完善性**，是一个量的概念（即**总体性**），在这个概念里，该物应当是什么已经被预先设定了，现在所要问的是该物是否具备了它所需要的**所有**［东西］。一物表象中的**形式性东西**，即一物的从**杂多**走向**一**的协调一致，这种形式性东西单独来说，并没有使我们认识到任何**客观的合目的性**：一物在这里既然已经**抽出**了作为目的的**一**（该物所应当是的东西），那么在直观者的心灵中剩下的就无非是表象中的**主观合目的性**了。这种主观合目的性确实表明主体中表象状态的合目的性，并表明主体把某个**被给予的形式**［即包含在感性直观中的形式］纳入到**想象力**中来的一种快感［意思是：对美的愉悦，即对美的感觉（美感），是某个感性直观中的形式被纳入到想象力中来所产生的快感］，但这并不表明不通过任何目的概念而被设想的某个客体的**完善性**。例如，当我见到森林中的一块草坪，我并没有在它上面设想一个目的，即用它来开一个舞会，这时就没有任何一个**完善性**概念通过单纯的形式被给予。但设想一个形式的**客观合目的性**而没有目的，即设想一个完善性的单纯形式，这是一个真正的矛盾。［这就是说，从**美的形式**的主观合目的性（美）推导出概念的客观合目的性（概念）是不可能的。这里又一次体现出康德的主观形式主义的美学思想。**这里各译本译文都很费解，似乎都没有准确传达出康德的原意，故已重译。**］

［**第 4 段**］，关于美的主观合目的性。**鉴赏判断是一个审美判断，即一个基于主观根据上的判断**，因此它的规定性根据不可能是概念，

因而也不可能是某种规定了的**目的**［**概念**］，那么凭着美，作为一个**形式的主观合目的性**，绝不是一个对象的**完善性**，作为**所谓形式的**，但仍被思考为**客观的合目的性**［此句各译本均不清楚，故已改译］。至于把美的概念与善的概念的区别仅仅看作是逻辑的区别，说美的概念只是完善的含混概念，善的概念则是完善的清晰概念，而其内容和起源则是一样的，这是毫无意义的：因为那样两者就没有区别了。这样一来，一个**鉴赏判断**就像某物借以被宣布为是**关于善的判断**一样，也是一个**认识判断**了。这就像一个人说欺骗是不对的，他的判断基于含混的理性原则，而哲学家的同一判断则基于清晰的理性原则，但实际上双方都基于理性原则。而康德指出，审美判断在种类上是**唯一的**，它决不提供关于客体的任何知识（哪怕这种知识是含混的），因为这种知识只是通过逻辑判断才能产生［不论是经验性判断还是纯粹的（先天的）判断］。而鉴赏判断则只把一个客体得以被给予出来的表象同主体联系起来，不使人关注对象的**性状**，而只关注在规定这些致力于关于对象的**表象力**时的合目的性形式。这里判断之所以被叫作审美的［感性的］，是因为它的规定性根据不是**概念**，而是对心灵诸能力的**游戏**的一致性**情感**，只要这种一致性能被感觉到就行。相反如果我们把含混性概念和以之为基础的**客观判断**，称为审美的，那么我们就会有一种**感性地做判断的知性**，或通过**概念**来表现其客体的**感官**，而这两种都是自相矛盾的［即感性与知性的矛盾或概念与感官的矛盾］。因此结论是：**概念**无论它们是含混的还是清晰的都是**知性的能力**，而且，虽然作为鉴赏判断的审美判断（像一切判断一样）也从**属于知性**，但知性在这里毕竟不是**作为**对一个对象的**认识能力**，而是**作为**按照判断与主体及其内部情感的关系，对判断及其表象（无须概念）进行**规**

定的能力而属于知性,如果这种判断是按某种普遍原则而可能的话。[这里康德要说的是知性与审美判断的关系:鉴赏判断虽然从属于知性,但在这里,知性却不是作为认识能力,而只是参与了对判断力(审美判断力)的规定。这里可以看出知性在审美判断中的不可或缺的作用。]

第16节　通过一个确定的概念来宣称一个对象是美的那个鉴赏判断是不纯粹的(简介)

[提示] 这里是对美的分析的进一步展开,以最后引出美的理想。

[第1段],**两种美的提出**。康德认为:"有两种美:**自由的美**和仅仅是**依附的美**(anhängende Schönheit)。前者不以任何有关对象应当是什么的概念为前提,后者则以这样的一个概念及按照这个概念的对象的**完善性**为前提。前一种美的类型被称为这个或那个物的(独立存在的)美;后一种则作为依附于一个概念的(有条件的)美而被赋予那些从属于一个特殊的目的概念之下的客体。"

[第2段],**自由美举例**。花朵是**自由的自然美**(freie Naturschönheiten)。一朵花应当是什么东西,除了植物学家谁都不能说清楚,就连一位认识到花是植物的受精器官的植物学家,在对花做鉴赏判断时,也决不会考虑到这一**自然目的**。所以说这朵花是美的时,这个判断是不以任何一个物种完善性以及杂多的复合所关系到的任何[客观的]内在合目的性为基础的。还有,许多鸟类(鹦鹉、蜂鸟、天堂鸟)和不少海洋贝类,其自身也是美,这些美不应归于按照概念在

其目的上被规定了的**对象**，而是自由地自身使人喜欢的。所以希腊式的线条、用于镶框或糊墙纸的卷叶饰等等，它们没有什么含义、不表现什么、不表示任何概念所指的客体，而是**自由的美**。此外，我们也可以把那些无标题的狂想曲或无词的乐曲归入这种类型。

　　[第3段]，**是引申**。康德说："对**自由美**[按单纯形式（这就是形式美）]做评判时，鉴赏判断是纯粹的。因为它不预设任何一个**目的概念**，不让杂多为了这目的而**服从于**被给予的客体，以至在观赏中使**想象力的自由受到束缚**。"[康德这里强调的是不受束缚的想象力的自由游戏，体现了他的自由主义的自由美思想。]

　　[第4段]，**依附美举例**。可是**假定**（setzt）**一个人**（包括男人、女人、孩子）的美，一匹马的美，一座建筑（教堂、宫殿、博物馆、花园、小屋）的美都是以**目的概念**为前提的，这个概念规定着**此物**应当是什么，因此规定着它的一个**完善性概念**，而这只是**依附的美**。正像快适的感觉与本来**只涉及形式**的美相结合就妨碍了鉴赏判断的纯粹性一样，这里[实践的]善与美的结合同样造成了对鉴赏判断的纯粹性的损害。[这里说的是自由美一与快适的感觉或与完善性概念相结合就成了依附的美，就损害了鉴赏判断的纯粹性。]

　　[第5段]，**自由美与依附美的区别举例**。人们可以把许多在直观中直接令人喜欢的东西装饰到一座建筑物上去，只要那建筑物不是要作为一座教堂；人们也可以像新西兰人用文身所做的那样，以各种花饰和轻松而有规则的线条来美化一个形象，只要那个形象不是一个人；一个人本来可以有更精致得多的面孔和更迷人、更柔和的脸型，只要她不想表现为一个男子汉或一个战士。[这样自由美与依附美似乎就区别开了，但实际上，这种区别是很模糊的，例如他把建筑物（教堂、宫殿

等)列为依附美就有点说不通。(参见鲍桑葵在《美学史》中的论述。)]

[第6段],理性判断对鉴赏判断的限制。与规定一物可能性的那个**内在目的**[即内在意图]相关的对该物中**多样性的愉悦**,是建立在一个概念上的愉悦;而**对美的愉悦**却是不以任何概念为前提的,而且是和对象由以被给予的那个表象直接结合在一起的**愉悦**。但现在,如果后一种愉悦的**鉴赏判断**被弄得依赖于作为**理性判断**的前一种愉悦中的**目的**并因此受到限制,那么这种判断就不再是一个自由和纯粹的鉴赏判断了。

[第7段],**审美愉悦(美)与智性愉悦(完善性)的结合**。尽管**鉴赏**由于**审美的愉悦**与**智性的愉悦**的结合而使其自身得以固定,这一方面,以及这种鉴赏虽不是普遍的,但就其能够合目的地规定客体而言来给它颁布规则方面,都会有所收获;但这些规则却不是什么鉴赏规则,而只是**鉴赏与理性即美与善**一致的规则,通过这种一致,前者可被用作后者意图的工具,以便把这种自我维持并具有主观普遍有效性的**心灵情境**(Gemütsstimmung),搭配给那种只有决心费力才能维持却具有客观普遍有效性的思维方式[即理性的思维方式]。实际上完善性并不因美而获益,美也不因完善性而获益……而如果心灵情境与思维方式这两种心灵状态能够相互协调,那么**想象力**的全部能力就会有所**收益**。[这样说来,理性在鉴赏判断中还是有其积极作用的。]

[第8段],**纯粹鉴赏判断与应用鉴赏判断的结合**。一个鉴赏判断,要么关于**目的**毫无概念,要么在自己的判断中把它抽掉,这样才是纯粹的。但这样一来,判断者虽然把某个对象判定为**自由美**而做出了一个正确的鉴赏判断,可他却仍然会受到另一个把该对象的美只看作是依附性的人的指责,其实双方都按自己的方式做出了正确

判断。这里我们对双方的争执进行调解:一方坚持的是**自由美**,他做出了一个**纯粹的鉴赏判断**;另一方坚持的是**依附美**,他做出了一个**应用的鉴赏判断**。[这里康德分明认识到形式的美是空虚的,因此其只有在应用中才有内容和意义,于是他就转向了美的理想。]

第 17 节　美的理想(译介)

[**提示**]　这里康德为了给鉴赏判断寻求一个普适性标准,于是就从纯粹的自然美转向了美的理想(即以理性的理念为基础的典范或原型),从自由美转向了依附美,强调了理性的理念在鉴赏判断中的重要作用,强调了鉴赏活动中感性(审美)、知性和理性三者的统一,并突出了美的理想的人本主义性质,因此非常重要。

[**第 1 段**],**对美的感觉**[**即美感**]**的普遍可传达性**。康德指出:"任何通过概念来规定什么是美的的**客观鉴赏规则**都是不可能有的。因为一切出自如下来源的判断才是审美的,这就是:它的规定性根据**是主体的情感**而不是**客体的概念**。……**感觉**(愉悦和不悦的感觉)的**普遍可传达性**,即**一切时代**和**一切民族**在某个东西的表象中对这种**情感的尽可能一致性**:这就是那个经验性的、微弱的、几乎揣度不出的**标准**(Kriterium),即由一些实例证实了的**鉴赏标准**,它从那**深深隐藏着一致性根据**[这就是人类自由本性的一致性]中发源,这种**一致性的根据**在评判诸对象在其下被给予一切人的那种**形式**[美的形式或形式的美]时,对一切人来说都是共同的。"[这里体现了人的本性中情感的无比丰富性和多样性与一致性和共同性的统一。简言之,体现了一切时代、一切民族的

人性的多样性统一,没有这种多样性统一就没有美学。所以对康德而言,真正的美学必须是以人们头脑中的先天时空形式为本的,必须是人本主义的。]

[第2段],鉴赏的理念。根据上述观点,康德接着指出:我们把一些**鉴赏的作品**(Produkte des Geschmacks)看作是**示范性的**:当然这不是说,鉴赏可以通过模仿别人而获得,因为鉴赏必须是自己固有的一种能力。凡是模仿一个**典范**(Muster)的人,如果他模仿得准确,虽然会表现出**技巧**[如音乐、绘画、书法等模仿],但只有当他自己能够评判这一典范时,他才表现出自己的鉴赏。由此可见,**最高的典范**,即**鉴赏的原型**(Urbild)[康德称原型"在创造中为天才所有"(康德:《康德美学文集》,曹俊峰译,北京师范大学出版社2003年版,第249页)],是一个**单纯的理念**,每个人必须在自己心里把它产生出来,他必须据此评判一切鉴赏的客体、鉴赏评判的实例,甚至每个人的鉴赏本身。本来**理念**意味着**理性概念**(Vernunftbegriff),而**理想**则意味着一个与某个理念相符的单个存在物的表象。[这段话已重译,这里康德强调了理想对象的单一性。]因此那个鉴赏原型固然基于理性的理念之上,但毕竟不能通过概念,而只能在**个别描绘**中表现出来,它更能被称为**美的理想**(Ideal des Schönen),我们虽然并不占有它,但却努力在心中把它创造出来。不过它只是**想象力**的一个理想[即美的理想],因为它不是基于概念之上,而是基于描绘之上,而描绘的能力就是**想象力**。[这就是说:想象力=描绘的能力]——那么美的理想如何才能达到?是先天地还是经验性地达到呢?还有,哪一类美能够成为一个理想呢?[这里也充分体现了想象力在实现美的理想中的关键性作用,突出了美的理想不过是想象力的描绘,是"这一个",是典型。]

[第3段],美的理想。康德的答案是:"首先要注意的是:应当为

之寻找**一个理想**(典范、原型、样板)的那种美[理想的美],必须不是**模糊的(vage)美**[自由美],而应当是由一个关于客体的**合目的性概念**所固着的美(fixierte Schönheit)[即依附的美];因此这种美[美的理想或理想的美]必定不属于一个纯粹**鉴赏判断**的客体,而属于一个**部分智性化了的鉴赏判断**的客体。[换言之,美的理想或理想的美已不再是纯粹鉴赏判断的客体,而是智性化的鉴赏判断的客体。]也就是说:**一个理想**不论从哪里找到评判根据,都绝对必须按照确定的概念以一个**理性的理念**(Idee der Vernunft)为**基础**,正是这种理念先天地**规定着**对象的内在可能性建立于其上的那个**目的**。[至于谈论]一朵美的花朵、一件美的家具、一道美的风景的理想,那是不可思议的。而[谈到]依附于某个确定目的的美,如一幢美的住房、一棵[剪修过的]美的树、一个美的花园等等的**理想**,也是无法**想象**的;这或许是因为这些**目的**不足以通过其概念来加以规定和固定,所以这种合目的性就像在**模糊的美**那里是不受束缚一样。[以上这些美都不是美的理想或理想的美。]而唯有在自身中就具有自己**存在的目的**的东西,即**人**,他通过**理性**自己给自己规定一个目的[这是内在的追求],或者,当他必须从外部知觉中拿来这些目的[这是**外在的榜样**]时,能把它们与本质的和普遍的目的放在一起加以对照,并因而能审美地评判这**两种目的**[内在的与外在的]的协调一致。因而**只有这样的人**[即有内在追求与外在榜样的人],**才能成为美的一个理想**,就像人在其**人格**中,作为一个理智者,才能成为世间中一切对象的**完善性理想**一样。"[这样康德就推出了美的理想:正如西塞罗所说,"在人看来,人是最美的"(《费尔巴哈哲学著作选集》下卷,荣震华、王太庆、刘磊译,商务印书馆1984年版,第32页),在康德看来,只有人本身才能成为美的理想。他把美的理想同人的人格做了类比,是有说服力的,而对他来说,"人格,也就是摆脱了整个自然的机械作用的自由和独立"。又说:"在全部造物中,人们所想要的和能够支配的一切也都只能作为手段来运用;只有人及连同人在内所有的有理性的造物才是自在的目的本身。"(康德:《实践理性批判》,邓晓芒译,人民出版社 2003 年版,第 118、119 页。)这样谜底就揭开了:只有人和人性本身才是鉴赏判断的唯一标准。这里要认清:第一,只有作为理性动物的人才是判断者;第二,只有人才能把自己和自己的生存和理想视作终极目的,一切自然物不过都是达到这一目的的手段。因此只有有理性、有人格、有理想的人才能成为美的终极理想、终极目的和终极鉴赏标准。这里还是体现了康德的人本主义美学理想。」

[第 4 段],两种理念。康德进一步指出:"美的理想有两个方面:一是审美的规格理念(Normalidee),这是一个单一性的直观[**想象力的直观(注意:想象力的直观)**][可见要实现美的理想也离不开想象力],它把人的评判尺度表现为一种特殊动物物种[即人类]的尺度;二是[审美的]**理性理念**,它把不能感性地表现出来的**人的目的**(Zwecke der Menschheit)作为人的**形象**的评判原则,而这些目的是通过作为其结果的**人的形象**而在显象中启示出来的。于是,**规格理念**必须从经验中取得它借以构造某种特殊种类的动物形象的要素;而在这个形象的**构建中**却没有任何个别个体与作为整体的**类**[人的类本质]相符的**图像**(Bild),[类本质的生动图像]它只存在于评判者的**理念**中,但这理念作为**审美的理念**[审美理念即按想象力与知性协调一致的单纯主观原则而与一个直观相关的理念,其定义见第 57 节注释一(参见康德:《判断力批判》,邓晓芒译,人民出版社 2002 年版,第 188 页)]却可以在一个**典型**中具体表现出来。"[这就是说,审美的理念是超感官的东西,它只能通过一个想象力所描绘的典型才能显现出来,成为可感的东西。这种典型就是美的理想,它是规格理念与理性理念的

统一体。而康德正是通过"美的理想"才赋予他的美学思想以真实的内容和无限的生机的。]

[第5段],是**心理学的解释**。(略)

[第6段],结论:**美的理想与道德理念的结合**。康德最后说:"然而,美的理想与美的规格理念还是有区别的,因为美的理想只可期望**于人的形象**[如圣人]。而在这个**人的形象**里,理想就在于表达道德性,没有这种道德性,该对象[指人的形象]就不会普遍地、积极地使人喜欢。对内在地支配着人们的那些**道德理念**的明显表达固然只能从经验中取得;但要使这些**道德理念**与我们的理性在**最高合目的性理念**中与**道德的善**联系起来的**一切东西**相联结,如**心地善良**,或**纯洁**,或**坚强**,或**静穆**,等等,在形体的表现(作为内心的效果)中变得仿佛清晰可见,这就需要那只是想要评判它们,更不必说想要描绘它们的人,在他身上把**理性**的**纯粹理念**和**想象力**的**巨大威力**联合起来。[这里可以看出想象力在审美判断中的巨大作用,也可看出理性对审美判断的参与。]这样一个**美的理想**的正确表现就是:它不允许任何感官刺激混进它对客体的愉悦中去,但却可以对这客体抱有巨大的兴趣;而这就证明,按这样一个尺度所做的评判决不可能是纯粹审美的,而按一个美的理想所做的评判也不是什么单纯的鉴赏判断。"[这里康德强调的是美的属人的本质,充分体现了他的人本主义美学思想,而按照这种人本主义,人的本质就是以一个典型而表现出来的人本身,他的理性、人格和理想,确切说,就是把人本身即人的"类本质"(作为典型)认作是终极目标的美学理想。而这种典型正是黑格尔所说的"这一个"。正是这个"这一个"使康德美学充满了新的生命。]

［结论］从第三个契机推出的美的说明

这里康德回过头来给纯粹的美下了第三个定义："美是一个对象**的合目的性的形式**，如果这个形式是一个**没有目的表象**而在对象上被感知到的话。"［按康德的说法，美"按照关系，表现为主观的合目的性"（见导言Ⅵ）即"形式的合目的性"（见导言Ⅳ）或"无目的的合目的性"（见第15节），其实这里康德强调的是美的主观合目的性，即主观因果性。他说的是：合目的性的形式虽然是可以被认识的，却并不含有一个目的表象，但却可以作为一个理想的典型被表现出来，从而"被感知到"，也就是说，美的单纯形式是可以通过作为感官对象的典型形象而被感知到的。这正是康德美学的合理性内容之一。]

第四契机:鉴赏判断按照对对象的愉悦的
模态来看的契机

［**提示**］这里所讲的必然性就是以人类共通感的理念为前提的鉴赏判断的主观必然性，并最后转变为客观必然性。

第18节　什么是一个鉴赏判断的模态（摘录）

这里康德论述说："［首先］对每一个表象我们都可以说：它（作为知识）和某种愉快相结合，至少是**可能的**。［其次］对我称之为［使人感到］快适的东西，我就说它在我心中产生了**现实的**愉快。［最后］但对美的东西我们却想到，它对愉悦有一种**必然的**关系。［这里推出了美感的可能性、现实性与必然性三种模态。]不过这里的必然性是一种**特殊类型**:它既不是理论的[知性的]客观必然性……也不是实践的[理性的]必然性……相反,这种必然性作为**审美判断**中所设想的必然性,只能被称为**示范性的**,即一切人对于一个被看作是某种无法指明的普遍**规则**的实例的判断加以赞同的**必然性**。因为一个审美判断并不是任何客观的和认识的判断,所以这种**审美判断的必然性**不可能从一个确定的概念中推导出来,故而也不可能是无可置疑的。同时,这种必然性更不可能从经验的普遍性推导出来。因为任何判断的必然性概念都不可能以经验性判断为基础。"[这样,从模态看,鉴赏判断的**必然性**就只能是示范性的主观原则,即下面所说的主观共通感了。]

第 19 节 我们赋予鉴赏判断的主观
必然性是有条件的（摘录）

康德指出:"[如前所述],**鉴赏判断**要求每个人的**赞同**,也就是说,谁宣称某物是美的,每个人都应当承认它是美的,但这种**应当本身**是根据这种评判所要求的一切材料提出来的,因而是有条件地提出来的。而人们之所以征求每个人的**赞同**,是因为人们对此有一个**共同的根据**[虽说这种根据是**深深隐藏着的**(参见康德:《判断力批判》,邓晓芒译,人民出版社 2002 年版,第 68 页),它不是别的,就是**作为人本身的人的人性**(参见康德:《判断力批判》,邓晓芒译,人民出版社 2002 年版,第 68、291 页)],所以他可以指望这种**赞同**。"

第 20 节　鉴赏判断所预定的必然性条件
就是共通感的理念(摘录)

康德论述说:"如果鉴赏判断(像认识判断那样)也有一条确定的**客观原则**,那么根据这条原则所做出的判断就具有无条件的必然性了。而如果没有任何规则,就像单纯的口味判断那样,就谈不上任何必然性了。所以鉴赏判断必定具有一条**主观原则**,它只通过**情感**而不通过**概念**就能普遍有效地规定什么是令人喜欢的,什么是令人讨厌的。而这样一条原则只能被看作是**共通感**(Gemeinsinn),它与普通知性所说的共通感有本质的区别,因为后者不是按照情感而是按照概念来做判断的。"于是康德的结论就是:"所以只有在这个前提之下,即有一个**共同感**[(它是)认识能力的**自由游戏**的结果]的前提下,才能做出[**带有必然性的**]鉴赏判断。"[而这种共通感只能是一个理念,虽然它是认识能力自由游戏的结果。这里康德强调的还是他的鉴赏判断理论的自由主义思想。]

第 21 节　人们是否有根据预设一个共通感(译介)

康德论述说:知识与判断,连同伴随着它们的那种**确信**(Überzeugung)[按康德的说法确信就是有客观依据并对所有人有效(参见《纯粹理性批判》"先验方法论":"纯粹理性的法规")],都必须能够**普遍传达**;因为否则就没有任何与客体协调一致的知识和判断了。这样它们就只是表象力的**主观游戏**了,就像怀疑论所主张的那样。但如果知识是可以传达的(允许、可以),那么**心灵状态**(**Gemütszustand**),即诸认识能力通向一个一般认识的[相互]**协调**,以及与一个表象(对象通过这表象被给予我们)相适应的,并从中产生出知识来的**诸认识能力的配比**(**Proportion**,均衡、比例、配比),也应当是可以**普遍传达的**。因为没有这种**传达**作为知识的主观条件,就不能产生出作为结果的知识来。这件事实际上是随时都在发生的,如果一个被给予的**对象**[作为显象的**表象**或直观的**对象**]借助于五官[即视、听、嗅、味、触五种感官(**感性直观**)]而推动**想象力**把[感性直观中的]杂多集合起来[这是想象中生产的或创造的综合],而**想象力**又推动**知性**把这种杂多在概念中统一起来[这就是概念中认知的综合]的话。[**这里已经可以看出感性(直观)、想象力和知性三种认识能力在审美活动中的互相协调。**]但诸认识能力所具有的这种**协调**,根据被给予的客体[指作为显象的表象]的不同而有不同的**配比**。而尽管如此,却必须有一个**配比**,以便两种心灵能力[认识能力与欲求能力]借以达到彼此激活(Belebung)的内在关系中的**相互协调**,这在(被给予的对象的)知识方面是最有利的;而这种[内在的]协调也只能通过情感(而不是按照概念)来规定。既然这种协调本身必须是能够**普遍传达的**,那么对这种(在一个被给予的表象上的)协调的情感也必须能够**普遍传达**。这种情感的**普遍可传达性**是以一种**共通感**为前提的,因此这种共通感就有理由被假定下来,既然如此我们就无须立足于心理学的观察,而可以把这种**共通感**作为我们知识的普遍可传达性的必要条件来假定,这种**普遍可传达性**是在任何逻辑的和任何非怀疑论的认识原则中都必须假定的。[康德就这样结束了它的论证,显然这种论证的理由是不充分的,论证本身又是混乱的和不能令人信服的。宗白华先生认为,这里康德的论述"难懂",但"极重要"(参见康德:《判断力批判》上卷,宗白华译,商务印书馆 1964 年版,第 221 页)。]

第 22 节　在一个鉴赏判断里所想到的普遍赞同的
必然性是一种主观必然性,它在某种共通感的
前提下被表现为客观的(摘介)

　　[第 1 段],作为理想基准的共通感。康德说:"在我们由以宣称某物是美的的一切判断中,我们不允许任何人有别的意见;然而我们的判断却不是建立在概念之上的,而是建立在情感之上的,所以结论是:我们把情感不是作为**私人情感**,而是作为**共同情感**来确立基础的。这样,共通感就不能建立在经验之上了,因为正是它要授权我们做出那些包含着应当在内的判断:当然这不是说,每个人将会与我们的判断**协调一致**,而是说,每个人应当与我们协调一致。所以,我把我的一个鉴赏判断[如:这朵玫瑰花是美的]说成是出自**共通感**的判断的一个实例,因而在赋予它以示范性的有效性时,共通感就只是一个**理想的基准**(idealische Norm),在这个前提下人们就能够有理由使一个与之[指基准]协调一致的判断以及在该判断中表达出来的对一个客体的愉悦,成为每个人的规则。因为这个原则[指规则]虽然只是主观的,但却被看作是**主观上普遍的**(即对每个人都是必然的理念),所以在涉及不同判断者之间的一致性时是可以像一个**客观原则**那样来要求**普遍的**赞同的,只要我们肯定已正确地将之**归摄**(subsumiert)在这一原则之下[就行了]。"

　　[第 2 段],共通感的作用。康德认为:不管怎么说,共通感这个不确定的基准是被我们预设了,我们自认为能够做出鉴赏判断的**奢**

望就证明了这一点。鉴赏力是一种天生的自然能力,还仅仅是后天习得的技艺能力等问题,这里康德不想也不能加以研究。最后他只是声称:现在我们只是要把鉴赏力分解为它的诸要素,并最终把它们统一在一个**共通感**的理念中,而正是这种共通感如本节标题所说的,被表现为**客观的**。

[结论] 从第四个契机推出的美的说明

这里是康德给美下的**第四个定义**:"**美就是一种没有概念**[即不借助于概念]**而被认作是必然愉悦**的对象的东西。"[按康德的说法,美按照**模态**,把这种主观的合目的性表现为"**必然的**",因此这里强调的是美的"**主观必然性**",但最后他却把这种主观的**必然性**假设为标题所说的"**客观必然性**"了。]

对分析论第一章的总注释(摘介)

[**提示**] 这个总注释很重要,康德在这里特别强调了想象力在鉴赏判断中的自由游戏,其要点如下。

[**第1段**],**关于鉴赏**。康德指出,当我们从上面的分析得出结论时,一切都要归结到**鉴赏概念**上来:"**鉴赏就是与想象力的自由的合法则性**相关的对一个对象的评判能力。"既然在鉴赏判断里想象力是在其自由中被思考的,那么它就不是再生的,而是创造性的和自主的(即作为可能直观的任意形式的创造者)。**想象力**虽然在把握一个被给予的感官对象时被束缚在客体的确定形式上,并且在那种情况下

没有**自由游戏**可言,但是可以这样理解:对象把一种形式交给想象力,这种形式含有**多样性的组合**[可见美的形式是具有多样性的而且是能够组合起来的],就像想象力在对自己自由放任时,与一般**知性合法则性**互相协调地设计了这一形式一样。

[**康德在别处说**:"一个对象的美的表象作为一个概念的表现却在于两种属于认识的表象能力互相之间的协调一致,而其中的每一个又都遵循着自己的规律。这就是想像力的自由与知性的合规律性的结合。鉴赏力是感性的、主观的(审美的)判断力,而判断力或者是归属于一个给定概念之下的判断力,也就是把那一概念表现出来——为了陈述一种认识——的判断力,或者是对于作为一个美的对象的感官对象的判断力(想像力与知性在一种一般认识上的协调)。想像力的自由与知性的合规律性互相协调;表象方式的审美的完善性没有任何确定性的规则,因为想像力正是应该在其自由中与知性协调一致。"(康德:《康德美学文集》,曹俊峰译,北京师范大学出版社 2003 年版,第 357—358 页。)这段话非常重要,充分表明了想象力与知性在鉴赏判断中的协调一致。]

[**第 4 段**],**想象力与知性**。康德指出:"那些由一个对象所带来的概念的**合规则性**,对于在一个单独的表象中**把握**对象以及在对象的形式中**规定**其多样性(Mannigfaltige),确切说是不可缺少的条件。这样一种规定,就认识来说[其所指向的多样性]是一个目的。并且在同认识的关系中它也总是与愉悦(它与每一个意图,甚至只是悬疑的意图的实施)结合在一起。但随这种愉悦而来的就只是对某个课题适当解答的赞同,而不是我们心灵的诸能力对我们称为美的东西所做的一种自由的和不确定合目的性的**消遣**(Unterhaltung),在这种消遣中**是知性为想象力服务,而不是想象力为知性服务。**"[此段很重要,但各版本译文均难解,故已重译。这里特别强调想象力的关键性作用,即强调在鉴

赏活动中固然不可缺少知性的参与,但其中知性却是为想象力服务的,而不是相反。这一点必须弄清楚。]

[**第5—6段**],**想象力的自由游戏**。康德指出:在仅仅通过一个意图[目的]才可能的物上,如在一座房屋、一只动物上,存在于对称中的合规则性必须伴随着目的概念并同属于认识的直观统一性。但只要在一个诸**想象力**的**自由游戏**(当然要在**知性**不受任何阻碍的条件下)持续存在的地方,例如,在游乐园里,在室内装饰中,在各种情趣盎然的用具上,等等,那预示着强制的合规则性就被尽可能地回避。因此如园林中的英国趣味、家具上的巴洛克趣味等等,都驱动着**想象力的自由**几乎达到怪诞的程度。一切刻板的合规则的东西本身就有违反鉴赏力的成分,它们不能提供对它们的鉴赏带来的长久娱乐。**想象力可以自得地合目的地与之游戏**的东西,对我们却是**永久长新的**,人们对它的观看是不会感到厌倦的。例如**野生的**、**无规则的美**才是令人喜欢的,**鸟儿的歌唱**比按规则来指导的人类歌唱包含着更多的自由、更多适合于鉴赏的东西。[这里是对纯粹的自然美的生动描写,可以看成是康德美学思想的精华所在。这样,对康德而言:想象力在其直观中的自由游戏所面对的纯粹自然美就只能存在于野生的花丛、草地、鸟唱、虫鸣等纯粹的自然物中。]

[**短评**]康德关于想象力自由游戏的理论可以被看作是一种自由主义的美学理论,其难能可贵之处在于以下三点。

第一,想象力的自由游戏是鉴赏活动的审美活动的核心,没有这种自由游戏就谈不到美感与美;

第二,想象力的自由游戏与知性的合法则性的结合或协调一致是审美情感转化为审美判断的关键,而没有想象力与知性的结合就谈不上科学的美学；

　　第三，想象力的自由游戏在知性与理性的极力配合下，充分展示了它的关键性作用，而没有这一点，就谈不上作为鉴赏活动的审美活动的以人为本的人本主义。

第二章 崇高的分析论
（数学的崇高与力学的崇高及其定义）（节录）

[提示]康德吸取英国经验主义美学家博克(1729—1797年)的美学思想,把美与崇高区别开来,并提出了他自己的崇高论。(参见康德:《判断力批判》,邓晓芒译,人民出版社2002年版,第118页。)他把审美判断区分为鉴赏判断与来自精神情感的判断两种(见导言Ⅶ)。按康德的说法:"美只是属于鉴赏力的东西;而崇高虽然也属于审美判断,但却不属于鉴赏力的范围。但崇高的表象本身可能而且应该是美的[这样看来,崇高也是一种美,即**崇高的美**];否则它就会是粗糙的,野蛮的,违背趣味的。"(康德:《康德美学文集》,曹俊峰译,北京师范大学出版社2003年版,第204页。)下面讲的就是关于崇高的判断,即他所说的"来自精神情感的判断"。

第23节 从对美的评判能力过渡到对
崇高的评判能力（译介）

[第1段],美与崇高两者的一致性。康德指出:"美有一点是与崇高一致的,即两者本身都是令人喜欢的。还有,两者都既不是以感

官来规定的,也不是以逻辑来规定的判断,而是**以反思的判断为前提的**:所以[对美和崇高的]愉悦就既不像快适那样取决于**感觉**,也不像对善的愉悦那样取决于一个确定的**概念**,因而是与概念相关的,虽说不能确定是哪一些概念;因此愉悦是依赖于单纯的**表现**(Darstellung,表现、描绘、阐述、表演)或**表现能力**的。所以**表现的能力或想象力**[可见:**表现的能力=想象力,因此对美和崇高的愉悦都是依赖于想象力的。**]在一个被给予的直观上就被看作是对理性的促进,而与知性或理性概念的能力处于**协调一致**之中。[**这里可以看出想象力与知性或理性的协调一致,理解这一点十分重要。**]因此[美与崇高]这两种判断都是单一的,但却预示着对每个主体都普遍有效,尽管它们只是对愉快的**情感**,而不是对任何关于对象的**知识**提出要求的。"

[**第2段**],**美与崇高两者的区别**。康德接着说:"美与崇高两者的区别也是显著的。**自然美涉及对象的形式**,而这种形式[的功能]在于**限制**(Begrenzung);反之,崇高倒可以在无形式的对象上看到,只要在这个对象身上,或通过对象的诱发而表现出**无限制**(Unbegrenztheit),同时又联想到整个无限制的总体[这样崇高的对象就是一个既无形式又无限制的总体]:这样,美似乎被看作不确定的**知性概念**的表现,而**崇高**却被看作某个不确定的**理性概念**的表现。[**可见美与知性概念相关,崇高与理性概念相关,认清这一点很重要。**]所以**愉悦在美那里**[这就是对美的愉悦]是与**质**的表象相结合的,而在**崇高**那里[这就是对崇高的愉悦]则是与**量**的表象相结合的。[**这种对美的分析必须从质到量,对崇高的分析必须从量到质的解释是难以服人的。**]甚至就**种类**而言,**两种愉悦**也是大不相同的:因为美直接带有一种**促进生命**的情感,所以可以与魅力以及某种游戏性的**想象力**结合起来;而**崇高的情感**[即对崇高的愉悦情感]却

是一种仅仅间接产生的愉快,它是通过**生命力**(Lebenskräft)的一种**瞬间阻抑**,以及紧跟而来的生命力的更为**强烈的涌流**之感而产生的,所以**崇高的情感**作为**感动**(Rührung)并非是游戏,而像是**想象力**工作中的严肃态度[可见崇高的情感也依赖于想象力的工作,此句已重译]。崇高也不能与魅力结合,而且由于心灵不只被对象所吸引,而且也交替地一再被对象所拒斥,因此对崇高的愉悦与其说包含着积极的愉快,不如说包含着**惊叹**或**敬重**,也就是说它应该被称为**消极的愉快**[即带有否定性的愉快]。"[生命或生命力是康德美学中的一个重要概念。按他的说法:生命乃是被促进和被阻滞这两种状态持续不断地对抗的活动。他认为对生命的轻微阻滞和对生命力的促进构成了健康状态,在活动中人们首先觉到的是自己的生命,没有活动生命就会寂灭。(参见康德:《康德美学文集》,曹俊峰译,北京师范大学出版社 2003 年版,第 192—193 页。)他还认为只有一种享受指向某种目的时,生命才会有价值。(参见康德:《康德美学文集》,曹俊峰译,北京师范大学出版社 2003 年版,第 201 页。)他甚至认为生命力在睡眠中如果不总是有做梦保持活跃的话,其就会熄灭掉。(参见康德:《实用人类学》,邓晓芒译,重庆出版社 1987 年版,第 58 页。)]

[第3段],崇高与美的**内在区别**。康德指出:"崇高与美的最重要的内在区别似乎是:当我们在这里合理地**首先**只考察**自然客体的崇高**(因为艺术的崇高永远被限制在其与自然协调一致的那些条件上)时,自然美(独立的自然美)在其仿佛是预先为我们的判断力规定对象的那个形式中带有某种合目的性,这自身就构成了一个愉悦的对象;而与此相反,那无须玄想而单凭**理解**就在我们心中激起**崇高情感**的东西,虽然从**形式**上看让我们的判断力显得是违反目的的,从而与我们的**表现能力**,是不适合的,并且对我们的想象力仿佛是粗暴

的,但这种东西却仍然只有被判断为是崇高的。"[这里是:单就自然客体的崇高与自然客体的美相比,前者属于崇高的情感,看似是反目的的,而后者仅属于单纯的形式,是合目的的。]

[第4段],**真正的崇高**。康德指出:"这里我们马上就会看出,当我们把任何一个自然对象称为崇高的时候,这样的表达是根本不对的,尽管我们可以正确地把这类对象称为美;因为一个自身被**表现**为反目的的东西怎么能用一个赞许的词句[崇高]来称呼呢?这里我们能说的不过是:作为对象,它适合于表现一个可**在心灵中发现的崇高**;因为真正的崇高不能包含在任何感性的形式[形态]中,而只针对**理性的理念**:这些**理念**虽然不可能有与之相适合的任何**表现**,却正是通过这种可以在感性上表现出来的不适合性而被激发起来,并被召唤到心灵中来。所以辽阔的、被风暴所激怒的海洋不能被称为崇高,相反它的景象是令人**恐怖**(gräßlich)的;但如果我们的心灵要通过这样的一个直观而配之以某种本身是**崇高的情感**,那我们就已经用好些理念充满了心灵,这时心灵就被鼓动着离开感性[直观]而专注于那些包含着更高合目的性的理念。"[可见,崇高与理念相关。]

[第5段],**崇高的概念与美的概念之比较**。康德指出:独立的**自然美**向我们揭示出大自然的一种**技巧**(Technik,技术),这技巧使大自然表现为一个**依据法则**的系统。而这些[作为法则的]**原则**在我们的**全部知性能力**中是找不到的[这说明这种原则是与《纯粹理性批判》中的"纯粹知性原理"不同的"特殊原则"(见导言Ⅷ)],也就是说,[这种自然美]依据某种**合目的性原则**[即形式的合目的性原则],准确说是依据判断力应用于**诸显象**时的合目的性原则,使得这些显象不仅必须被评判为在自然的**无目的的机械性**中是属于自然的,而且也必须被评判

为属于艺术[即艺术美]的**类似物**。所以自然美虽然没有扩展对自然客体的知识，但毕竟扩展了我们关于自然的概念，这就诱使我们去深入这样一种[美的]**形式**的可能性。但在自然界中我们称为崇高的东西中却根本没有特殊的客观原则以及与之相适应的**自然的形式**的东西，以至于由自然所激起的**崇高理念**不如说是在它的极端混乱、粗暴、无序、荒蛮中所看出的伟大和力量。由此就可以断定，自然界的**崇高概念**远不如自然的**美的概念**那样重要和赋有成果：它所表明的根本不是自然本身中的**合目的之物**，而只是对自然进行直观的可能应用的**合目的之物**，为的是使某种完全**独立于自然的合目的性**能够在我们心中被感受到。这样，对于自然的美我们必须寻找一个我们之外的根据，而对于崇高我们却只需在我们心中，在**把崇高性带入到自然的表象中去**的那种**思想境界**中去寻找根据[这就是说崇高是我们心中的一种情感]；这是一个必要的说明，它把崇高的理念与一个自然合目的性理念完全分开，使**崇高的理论**成为只是对自然的[主观]合目的性的**审美评判**的一个补充，因为借此并没有**表现**出自然中任何**特殊的形式**[指与美的形式类似的崇高的形式]，而只是**显示了想象力**对自然表象所做的某种[主观]合目的性的应用。[这样康德就把崇高的概念与美的概念完全区别开来了。不过这里可以看出，崇高也是**想象力的产物**。参见本书第三章关于想象力在审美判断中的作用的"**预先提示**"。]

　　[康德这样描述崇高感与美感的关系："我们现在要加以考察的精细感情，主要有两种：崇高感和美感。两种情感都是愉快的，但愉快的方式和性质却完全不同。高耸入云的雪峰的景色，一段狂风骤雨的描写，或者弥尔顿关于冥冥世界的一节叙述，都会引起愉快，不过是带有某种恐惧的愉快。另一方面，鲜花盛开的草地，溪水奔泻、牛羊遍野的山谷，对天堂的描写，或者荷马史诗中对爱神维纳斯

的腰带上的图饰的描绘,也会引起愉快的情感,但与前者不同,这里是赏心悦目的愉快。……崇高令人激动,美令人陶醉。……崇高总是高大的,美可能是小巧的。……"(康德:《康德美学文集》,曹俊峰译,北京师范大学出版社2003年版,第13—14页。)]

第24节　对崇高情感研究的划分(简介)

[第1段],对崇高的愉悦的划分与对美的愉悦的划分的比较。康德指出,作为审美的反思性判断力的判断,**对崇高的愉悦必须与对美的愉悦**一样,即:[1.]按照**量**,表现为**普遍有效**;[2.]按照**质**,表现为**非功利性**;[3.]按照**关系**,表现为**主观合目的性**;[4.]按照**模态**(**Modalität**),把这种主观合目的性表现为**必然的**。所以两者的划分并无不同,只是鉴于崇高的东西的**无定形性**(**Formlosigkeit**)[邓晓芒、李秋零译为无形式,似不确切],故关于崇高的审美判断的**第一个契机**[要素]是从量开始的,其理由可在第23节第2段中看出。[这样康德就自以为解释了对崇高情感的研究表象从量开始的理由。实际上,这种解释是似是而非的。这里看得出整个的划分方法是生硬套用范畴表的固有模式,其实是很勉强的。当然关键问题不是论述的逻辑顺序,而是它的实际内容。]

[第2段],**崇高的分析的特点**。对崇高的分析需要另分为**数学的崇高和力学的崇高**。

[第3段],**这种划分的原因**。按康德的解释:因为**崇高的情感以心灵的激动**(**Bewegung des Gemüts**)为特征,而对美的鉴赏则使心灵保持在**静观**中。[因此康德说:崇高感与美感**"两种情感都是愉快的"**,但**"崇高引起的激动比美所引起的激动要强烈"**。(康德:《康德美学文集》,曹俊峰译,北

京师范大学出版社 2003 年版,第 13、16 页。)]这种**激动**[崇高的情感]应该被评判为是**主观合目的**的(因为崇高也是令人喜欢的):所以**这种激动**就通过**想象力**[作为灵魂的情感能力的"先天直观能力"(邓晓芒译本第 25 页)]要么与**认识能力**要么与**欲求能力**相关联[可见崇高的情感通过想象力与认识能力和欲求能力相关,并导致了两种崇高的划分];而在这**两种关联**中那被给予的表象的合目的性就只能按这两种能力的考虑(Ansehung)(无目的或无功利地)来形成判断:前者表现为**想象力的数学的情境**(Stimmung,邓晓芒、李秋零译为情调),后者表现为**想象力的力学的情境**,它们被加在客体上,于是就使客体在两种方式上被表现为崇高。[可见按照认识能力与欲求能力的区分,崇高的情感被区分为两种情境,即数学的情境(与认识能力相关)与力学的情境(与欲求能力相关)。其实这两种情境的区分是大可不必的,也是没有理由的。不过这里我们倒是再次看出了想象力在崇高情感生产中的关键作用。这里各译本似乎没有表达清楚。]下面是两类崇高。

一、数学的崇高[包括崇高的量与质]

第 25 节　崇高的名称解说(简介)

[第 1 段],关于崇高与大小。按康德的说法,我们把那**绝对大的东西**(was schlechthin groß)称为**崇高**。但"是大的"(Groß – sein)与"是某种大小"(eine Größe sein),是两个完全不同的概念。同样,只说某物是**大的**,也不同于说某物**绝对大**,后者是超越一切比较之上的**大的东西**。而现在说,某一物是**大的**或**小的**或不大不小的,它所表示的并不

是一个**纯粹知性概念**，更不是一个**感性直观**，也不是一个**理性概念**，因为它根本不带有任何认识的原则。所以它必定是一个**判断力的概念**，或者是来源于判断力的一个概念，并把这一[关于大小的]表象与判断力相关的**主观合目的性**作为基础。说某物有大小（即有量），这是无须把某物与他物做比较就可以认识到的：因为**同质的多**（Vielheit des Gleichartigen）合起来就构成一。但它究竟有多大，这永远要求有另外一个有大小的东西做它的**尺度**（Maße），或**单位**（Einheit）[在康德那里，尺度被称为"内包的量"，即包含质的量（参见《纯粹理性批判》）]，而单位的大小又要求另外的大小做尺度或单位：这样我们就看到，显象的大小规定完全不可能提供一个绝对的大小概念，而每次都只能提供一个比较的概念。[这样说来，**崇高**就是一个**绝对概念**，而**大小**（**量**）却只能是一个**相对概念**。可参见《纯粹理性批判》中有关知觉的预测的论述。]

[第 2 段]，**关于普遍赞同**。康德指出：如果我单说某物是大的，那么我就无意做任何比较，至少无意同客观尺度做比较，因为这样做，完全没有确定该物有多大。但是即使比较的尺度只是主观的，判断对普遍赞同的要求也不会有丝毫削减。例如，有人说"这个人美"或"这个人高大"，这两个判断也不会只限于做判断的主体个人，而是还要求像理论判断那样需要每个人都赞同。

[第 3 段]，**对大小的审美的评判**。因为在一个把某物**只称为大的**的判断中，不仅要说出这对象有一种大小，而且要说出这种大小是先于其他许多同类对象而优先赋予它的，不过还没有确定地指出这种优先性：所以这种优先性固然是以一个我们所预设的、每个人都会采用的尺度为基础，但这一尺度不能用于任何逻辑上的（在数学上被确定了的）大小评判，而只能用于**对大小的审美评判**，因为它只是一

个**主观地**为对大小做**反思判断**奠定基础的尺度。此外,这种尺度不仅是主观的,而且既可以是经验性的,如我们熟悉的那些人、某类动物、数目、房子、山峦等平常的大小,也可以是先天给定的。此外,这种尺度由于评判主体的缺陷而被限制在表现的主观条件上,如实践中德行的评判、一国中公众自由和正义大小的评判、理论中所做的观察和测量的准确性或误差大小的评判等等。

[**第4段**],**愉悦的普遍可传达性**。康德指出:[在对大小的**审美评判**中,]即使我们对客体完全没有兴趣,即对客体的实存漠不关心,但单是客体的大小,即便它本身被看作是无形式的,也能够引起某种愉悦,而且这种愉悦还是**普遍可传达**的,因而含有我们认识能力应用中某种**主观合目的性意识**;不过不像在**美**[即美的情感]那里一样的对客体的愉悦(因为它可以是无形式的),而是对想象力自身的**扩展的愉悦**。而在美那里,反思性的判断力则是与一般认识相关联而合目的地调整的。

[**第5段**],**反思判断中大小的估量**。康德指出,当我们(在上述限制下)**只说**一个对象"它是大的",那么这就不是数学上的**规定性判断**,而只是一个关于**该对象的表象的反思性判断,这种表象**对于我们的认识能力**在大小估量上的应用**[这种应用就是:对**对象的大小(即量)**进行评判]是**主观合目的**的;这样一来我们就总是在**这样的表象**上结合着某种**敬重**[的情感],这正如我们只称为小的的东西结合着一种**轻蔑**[的情感]一样。另外,将这些物[或对象]评判为大的或小的,是针对着一切东西[即物的一切方面]的,甚至针对着这些物的一切性状的,因此我们甚至把[物的]美也称为大的或小的:对此我们必须到这里去寻找原因,即[认清:]凡是我们能够按照判断力的规范在直观

中展现出来(**darstellen**,邓晓芒译:描述)(因而是审美地**表现**)的东西,全都是**显象**,因而其全都拥有**某种量**。

[第6段],崇高的尺度。康德指出,如果我们不但是把某物称为**大的**,而且是完全、绝对地在一切意图(即超出一切比较)中称之为大的,即称之为**崇高的**,那么我们马上就会看出:我们不能在该物之外去寻求与之相适合的尺度,而只能在它里面去寻求这种尺度。因为这是一种仅仅和它自身相等的大小。所以**崇高不该在自然之物,而只能在我们的理念中去寻找**[这个观点十分重要,类似的提法以后会多次提到]。至于在哪些理念中,那要留在演绎的部分去谈。

[第7段],崇高的精神情境。康德从量上给崇高下定义:"**崇高是与之相比一切别的东西都是小的那种东西**。"[这是康德从量上给崇高下的**第一个定义**。]这里可以看出:在自然界中不能有任何东西像我们可能评判的那样大的,即某种东西不会在另一种关系中就被贬低为无限小的;反过来也不能有任何东西是如此小的,即不能在与更小的尺度相比时对我们的**想象力**而言就被扩展为一个**世界之大**(**Weltgröße**)。望远镜适合说明前一种情况,它把一切大的东西都看小了;显微镜适合说明后一种情况,它把一切小的东西都看大了。所以没有任何能成为感官对象的东西从这一点来看能被称为崇高的。但因为在我们的**想象力**中有一种前进到无穷的努力,在我们的理性中有一种对绝对总体性,即对某个真实理念的要求,所以甚至我们对感官世界之物的**大小估量能力**对于这种理念不适合,其也会在我们心中唤起某种超出感官能力的**情感**[即崇高的情感]。判断力为了这种情感,自然会在某些对象的**应用**上是绝对大的,而不是这个感官对象[本身]是绝对大的,和这种应用相比任何别的应用都是小的。因此

必须被称为崇高的东西,是由某种使反思性判断力活跃起来的表现所带来的**精神情境**,而不是那个客体[本身]。

[**第8段**],**结论**。这里康德从量上给崇高下了**第二个定义**:"**崇高是只能思维地**[这里是指理性地]**表明超出任何感官尺度的一种心灵能力的东西**。"[换言之:崇高的情感是一种心灵的能力,即理性的能力,这种能力只能通过理性的理念来表明自己超出了任何的感官尺度,可见想象力只有与理性以及理念结合起来才能对崇高做出量的判断。]

第26节　崇高的理念所要求的对自然物大小的估量　[即从量来看的崇高](简介)

[**第1段**],**审美的大小估量**。康德指出:"通过**数目概念**(Zahlbegriff)所做的大小估量是数学的,而在单纯直观中(按照目测)的大小估量则是**审美的**[感性的]。现在,我们只能通过以**一个尺度**为其单位的数目而得到某物有多大的确定概念,但……我们永远也不能拥有一个最初的或基本的尺度,因而也就没有任何一个关于被给予的大小的确定概念了。所以对**基本尺度的大小**的估量必定只在于,我们可以在一个直观中直接把握它[指尺度的大小],并通过**想象力**把它用于表现数目概念[**想象力能够为数的概念提供一个图式**]。于是康德作出结论说:对自然对象的一切大小的估量最终都是审美的[感性的],即在主观上而不是在客观上被规定的。"[康德的这个结论在今天看来是反科学的,也是不能令人信服的。因为这里他把**想象力**与**理性**,把美学与科学,完全**对立**起来了。]

[**第2段**],**数学的大小估量与审美的大小估量**。康德认为,对数

学的估量而言没有最大的东西[因为如果把看似最大的东西作为单位,那么在更大尺度上看它就是最小的一,例如,以地球直径为单位,对银河系的大尺度来说它就是微不足道的了],但对审美大小的估量而言却有最大的东西。如果把审美中的最大评判为绝对的尺度,主观上(对评判者而言)就不可能有任何比它更大的尺度了,那么就会导向(führe)崇高的理念[即援引理念],并会产生一种感动,这种感动不能由数学上大小的估量来引起,因为数学的估量永远只能表现出相对的大小[看似有限实为无限,看似无限实为有限],而审美的估量却表现出绝对的大小,只要心灵能在一个直观中把握[通过想象力]它。[可见理性的崇高理念的大小是通过想象力把崇高的大小表现出来的。]

[第3段],想象力中对一个量的把捉和统合。康德认为,把一个量直观地(anschaulich ein Quantum)[一个量的直观]纳入到想象力中来,以便把它用作尺度或单位进行大小的估量,直接需要想象力的两种活动,即把捉和统合(Zusammenfassung,有统摄、统括、联合等意思)。这里把捉不带有任何困难,因为它可以无限进行下去。但统合却随着把捉进行得越远而变得越来越困难,并且很快就会达到最大值,即达到审美上大小估量的最大基本尺度。因为如果把捉推进到如此之远,以至于感官直观的那些最初把捉到的部分表象在想象力中已经淡化,而想象力却要向前去把捉更多的表象:这样想象力在一方面所失去的就像在另一方面所得的一样多,而在统合中就会有一个想象力所不能超出的最大的量[即最大值]。[可见想象力对崇高的量的把捉是有局限性的。]

[第4段],是关于动人的愉悦状态的一个实例。(略)

[第5段],对崇高的纯粹判断。康德指出:我现在还不想触及这

样一种愉悦的任何根据,这种愉悦是与一个我们最不应有所预期的**表象**[指理性的理念]相结合的,因为这种表象使我们看出它对于判断力在进行大小估量时的不适合性,因而也看出它的**主观不合目的性**;我只想指出,如果**审美判断**应当**纯粹地**(不与作为理性判断的任何目的论判断相混淆)给出,并且对此还要给出一个完全适合于审美判断力判断的实例,那我们就必须**不是去描述那些艺术品(如建筑、柱廊等)的崇高**,在那里有一种**属人的目的**在规定着形式和大小[这是依据个人爱好的纯主观的合目的性],也**不是去描述那些自然物的崇高**,它们的**概念**已经具有某种确定的目的了(如具有已知的自然规定的动物)[这是纯客观的合目的性],而是必须去描述**荒野的大自然(并且只在它本身不含任何魅力**或任何由实际危险而来的**感动**时)的崇高[这是无目的的合目的性]单就其含有量[这种量正是黑格尔所说的"纯量"]而言。因为在这种**表象方式**中大自然不含有任何**过当的东西**(也不含有壮丽的或令人恐怖的东西);被把捉的大(即量)可以增长到任意的规模,只要它能够通过**想象力**被统合到一个整体之中。**过当**是这样一个对象,它通过**它的大**(量)而取消了构成它的概念的目的。但**庞大的**却被用来称呼**一个概念的单纯表现**,这样的概念对一切表现几乎都过大了(接近于相对过大的东西),因为通过一个概念来表现的目的,由于对**对象的直观**对我们的**把捉能力**来说几乎过大[因为把捉是在直观中进行的,所以把捉不能承担表现理性概念的重负]而遇到了阻碍。——但一个关于崇高的**纯粹判断**[即对崇高的**纯粹量**所做出的判断]必须完全没有任何**客体的目的**作为规定性根据[因为客体的目的只能作为**客观根据**,而不能作为**主观根据**],如果这种判断应当是审美的而且不能与任何一种**知性判断**[知识判断]或**理性判断**[道德判断]相混淆的话。

＊　　＊　　＊

这里是对崇高的大小（即量）评判的进一步发挥，包括量的评判的**主观合目的性**（第1段）、**想象力在崇高大小评判中的无限前进和它的能力界限**（作为知性概念的图式）（第2段）、理性在崇高大小评判中的**总体性**的要求（第3段）、无限性与本体的**理念**（第4段）、自然界的崇高与无限性理念（第5段）、审美判断力在评判美时把想象力与**知性和理性**联系起来（第6段）、真正的崇高（第7段）、崇高与理性的理念（第8段）。这里有两个非常重要的观点：1. 正如审美判断力在评判美时把想象力在其自由游戏中与知性联系起来，以便与一般**知性概念**[无须规定这些概念（如美、崇高等）]**联合一致**一样，审美判断力也把一物评判为崇高时把想象力与理性联系起来，以便主观上与**理性的理念**（不规定是哪些理念）**协调一致**。（第6段。）2. 真正的崇高必须只在判断者的心灵中，而不是在自然客体中，[正是]对自然客体的评判引发了判断者的这种崇高的**情境**[即情感]。（第7段。）[即在主体的心灵中升起一种崇高感。]

第27节　在崇高的评判中愉悦的性质
[即从质来看的崇高]（译介）

[第1段]，**敬重的情感**。康德给敬重下定义："感到我们的能力不适合于到达对我们来说是法则的理念的**那种情感，就是敬重**[的情感]。"他接着说："现在把每一个可能被给予我们的显象都统合到一个整体的直观中的那个理念，就是一个由理性的法则托付给我们的

理念,它除了**绝对的整体**之外,不知道有任何其他确定的、对每个人都有效的和不变的尺度。[这是一个绝对的尺度。]而我们的**想象力**却在尽最大努力把一个被给予的对象统合到一个**直观的整体**之中,从而表现出它的**局限性**和**不适合性**,但却同时表现出它的**使命**(有规定、使命等义)是实现与这个作为整体的理念的适合性。所以对自然中的**崇高的情感**[崇高感],就是对自己使命的**敬重**,而这种敬重是用对客体的敬重偷换了对我们主体中**人类理念的敬重**,这就仿佛把我们认识能力中的理性使命对感性的最大能力的优越性直观化了。"[这里康德首先揭示了崇高评判中敬重情感的双重性矛盾,即想象力与理性之间的有限与无限、相对与绝对的矛盾。]

[第 2 段],崇高的情感。康德下定义说:"**崇高的情感**[崇高感]是由于**想象力**在对大小的审美估量中不适合于**通过理性**对大小的估量而产生的**不愉快感**,但同时又是一种**愉快感**,这种愉快感的唤起恰恰是由于对**最大感性能力**[指想象力]的不适合性所做的这一评判,就其对理性理念的**追求**对我们来说毕竟是**一种法则**而言,又是与理性的理念协调一致的。"[显然,对康德来说,崇高的情感是一种在想象力对大小的审美估量中从不适合于理性理念到适合于理性理念的过渡,即从感性到理性、从有限到无限、从相对到绝对的过渡的矛盾体。实际上这是康德从质上给崇高所下的第一个定义(第二个定义见本节第 5 段)。]在康德看来,之所以出现这样的情况[即矛盾的情况],是因为:"对我们而言是一种**法则**并属于我们**使命**的是,把大自然作为感官对象所包含的一切,对我们而言是**大的东西**,在和理性的理念相比较时都被估量为是**小的东西**;而同时,凡是在我们心中所激起的、超感官使命的**情感**的那种东西,与那个**法则**又是协调一致的。"于是康德就提出:"**想象力**在体现那个大小的估

量单位时所做的最大努力,就是与某种**绝对的大**的关系,同时也是与唯一把这个**绝对的大**设定为大小估量的最高尺度的理性法则的关系,所以[对康德而言,]对一切感性的尺度与理性的大小估量不相适合的**内部知觉**,就是[等于]与理性法则的**一致**,并且是一种**不愉快**,[而正是]这种不愉快在我们心中激起对我们的超感官使命的情感,按照这种使命所发现的任何感性尺度都与理性的理念不相适合,这是合目的性的,因而是**愉快的**。"[这样崇高感就是一种由不愉快而生的愉快,是苦尽甘来,是不幸中的万幸,是想象力中所孕育的理性,是无法则中的法则。这就是康德崇高情感的辩证法,正是这种辩证法使量的崇高转化为**质的崇高**。可参见康德在别处对崇高感的描述:"**崇高(sublime)是按其规模和程度来说都能引起崇敬之感的那种伟大(magnitudo reverenda——令人畏惧的大),它吸引人们去接近它(以便能用他自己的力量去衡量它),但人在他自己的评估中与那伟大相比较时因自己极其渺小而感到的恐惧同时又使人不敢接近它(例如,我们头上的惊雷或高耸荒凉的山峰);但如果人自己身处安全之地,把他自己的力量聚集起来去把握那种现象,同时又担心它的伟大不可企及,这时就会激起惊赞之感(由持续不断地战胜痛苦而产生的一种愉快的情感)。"(康德:《康德美学文集》,曹俊峰译,北京师范大学2003年版,第206页。)]

[**第3段**],想象力的努力。康德指出:"**心灵在对大自然的崇高表象中感到激动;而它在对自然的审美判断中却处于平静的静观中。**这种**激动**可以(尤其在开始时)比之于一种震撼,即对同一客体的迅速变换的排斥与吸引。而对想象力而言,那种越界的东西(想象力在直观的领会中一直推进到的东西),就像是一个它害怕自己会跌入其中的**深渊**;但对超感性的理性理念来说,造成想象力的这种**努力**却不是越界的,而是**合乎法则的**;因此它对单纯的感性是排斥的,而在同

等程度上又是吸引的。但在这里判断本身仍停留在审美上,所以它并不把一个确定的客体概念作为基础,而只是把**诸心灵能力(想象力和理性)本身**的主观游戏通过它们的对照才表象为和谐的。因为正像**想象力和知性**在美的评判中凭借它们的**一致性**那样,**想象力和理性**在这里则通过它们的**冲突**而产生出心灵诸能力的**主观合目的性**:这就是对于我们所拥有的纯粹的、独立的理性或一种大小估量能力的那种**情感**[这无疑是一种**自豪感**],而这种**估量大小能力的优越性**只有通过那种在表现(感性对象的)大小时本身不受限制的能力的**不足**(邓晓芒译:不充分性)[指**想象力**],才能**被直观到**。"[这里是想象力所遇到的自己与理性在越界或不越界上的冲突。]

[**第4段**],**想象力对空间的测量(作为把捉)**。康德指出:"对一个空间的测量(作为把捉)同时就是对这一空间的描述,因而是想象中的一种客观**活动**和一种**累进**,而把众多**统合**到一中去,则不是**思想中的一**,而是**直观中的一**,因而是把连续被把捉的东西统合到一个瞬间中去,这却是一种回归,它把**想象力**累进中的时间条件重又取消,使**同时存在**被直观到。所以这种统合(由于时间序列是内感官和某种直观的一个条件)就是**想象力**的一个主观活动,通过这种活动,**想象力**使内感官受到了**强制(Gewalt)**,[而且]**想象力**统合到一个直观中的量越大,这种强制就越是显著。所以这样一种**努力**,即把一个对于大小的尺度纳入到个别直观中来——为把捉这一点需要可觉察到的时间——的这种努力是一种主观上看不合目的,但客观上却是大小估量上所需要,因而是合目的的**表象方式**:但在这里正是这个通过**想象力**使主体遭受到的强制力,对心灵的**全部使命**来说却被评判为合目的的。"[看来,想象力在对空间的测量或把捉中所做出的努力,是既不合目的

又合目的的。这样就又陷入了矛盾。]

[第5段]，最重要之点：崇高情感的质。康德把崇高情感的质（Qualität des Gefühls des Erhabenen）定义为："它是关于审美评判能力在某个对象上的某种**不愉快情感**（Gefühl der Unlust），这种不愉快[它本是不合目的的]在其中却同时又被表象为**合目的的**[这实际上是康德从质上给崇高所下的第二个定义（第一个定义见本节第2段）]；这种[自相矛盾的]情况之所以可能，是因为这种特有的**无能**（Unvermögen）揭示出同一个主体的某种**无限制的能力**的意识，而心灵只有通过前者[即无能]才能对后者[即无限制的能力]进行审美的评判。"[这就是说，崇高情感的质表现为有量的质和有质的量，或有限中的无限和无限中的有限。这是康德的量与质互相转化的辩证法。]

[第6段]，审美的大小估量与逻辑的大小估量之比较。康德的最后结论是："[在审美的大小估量中，]**审美判断本身**对于作为理念的来源的理性，即作为所有感性的[审美的]的东西在它面前都是小的那种**智性统合**来源的理性而言，便成为**主观合目的性**的了；而[这样一来，]对象也就作为**崇高**[的东西]，被以一种**愉快**[的情感]接受下来，这种愉快[的情感]只有通过不愉快才是可能的。"[换言之，崇高的情感是一种由**不愉快的情感**（例如，对大海、高山、庙宇的震惊、畏惧、惊奇、彷徨等情感）所引发的**愉快情感**（崇高感或惊奇感）。]

二、自然界的力学的崇高[包括崇高情感的关系与模态]

第28节　作为威力的自然[从关系上看]（摘译）

[第1段]，定义。康德称："**威力**（Macht，力量）是一种超过很大障

碍的**能力**。这同一个威力,当它又超过那本身具有威力的东西的抵抗时,就叫作**强制力**(Gewalt)。而**自然界**,作为审美判断中的威力,而又被看作是对我们没有强制力时,就是**力学上崇高的**。"[这里可以看作是康德给**力学上的崇高**所下的定义。]

[**第 2 段**],**崇高与畏惧的关系**。康德指出:"如果自然界在力学上被我们评判为是**崇高的**,那它就必须被表象为是激起**畏惧**(恐惧、害怕)的[虽然反过来不能说,凡是激起畏惧的对象在我们的审美判断中都会觉得是崇高的(如无法躲避的台风、海啸、地震、火灾、核爆炸等)]。因为在[无概念的(即仅限于情感的)]审美评判中,克服障碍的优势只是按抵抗的大小来评判的。可现在,我们努力去抵抗的东西却是一种**苦难**(灾难、磨难),如果我们**感到**我们的能力经受不住这种苦难,那么它就是一个畏惧的对象。所以对审美判断力来说,自然界只有当它被看作是畏惧的对象时,才被认作是威力,因而才是力学的崇高。"

[**第 3 段**],**畏惧**。康德指出:"我们可以把一个对象看作是可畏惧的,但又并非因它而**畏惧**(有恐惧、畏惧等义,但畏惧在程度上要弱些,所以这里译为畏惧),这就是说,如果我们这样来评判它,即我们只设想着这样一种**境况**(情况):我们或许要对它做出抵抗,并且那时一切抵抗都会毫无结果。所以,一个**有德者**之畏惧着上帝,但并不是因上帝而**畏惧**,因为他把违抗上帝及其命令的打算设想为决不担心会有的**境况**。但任何这样的境况,如果他设想为自身并非不可能遇到,他都认为是可畏惧的。"[这就是说,一个有道德者最畏惧的境况是违抗上帝和他的命令,正是这种畏惧使他萌生了**上帝崇高的情感**。]

[**第 4 段**],**真正的畏惧**。康德指出:"谁畏惧着,他就根本不能对自然界的崇高做出判断[泰坦尼克号上的乘客是根本不能判断大海的崇高

的],这正像一个被爱好和食欲所控制的人也不能判断美一样[注意,对饥寒交迫的人来说是没有美的]。前一种情况令他回避一个引起他**恐怖**的对象,而在一种**真正的恐怖**上找到愉悦,是不可能的。所以因一种**痛苦的解脱**而来的**快意**就是**高兴**[这是一种走过黑暗是黎明的愉悦]。但因为这种高兴是从一个危险中解脱出来的,所以它就是一种带有永不想再遭遇这种危险的决心的高兴;甚至人们就连回忆一下那种感觉也会不愿意,要说他会为此而自己去寻求这种机遇,那就是大错特错了。"

[第5段],**渺小与崇高的实例**。康德举例说:险峻的山崖、挟带着闪电雷鸣的云层、被激怒的海洋、高高的瀑布……都使人们感到自己的渺小。但只要我们处于安全境地,那么这些景象越是可怕,就越是吸引人;而我们就愿意把这些对象称为崇高,因为它们把我们的**灵魂力量**提升到超出日常的**平庸**,并让我们心中一种不同性质的抵抗能力显露出来,使我们有勇气与大自然的表面的万能相较量。

[第6段],**自然界的不可测度性与我们心灵中的非感性尺度的比较**。康德指出,自然界的不可测度性使我们无法采取对其做审美的大小估量的相应尺度,但**我们的理性**却发现了一种非感性的无限性尺度,使我们的心灵具有了对自然界的优势,我们的心灵能够使自己超越于自然之上的**使命本身**所固有的**崇高性**成为可感的。

[第7段],关于我们精神能力的崇高性与我们本性中能力的素质的培养。(略)

[第8段],关于心灵崇高性的培养原则。康德指出,最大的赞赏对象是:一个不惊慌、不恐惧、不逃避危险,又深思熟虑采取行动的人,但这个人又表现出德行、温柔、悲悯、小心谨慎和不被危险所征

服。……

[第9段],对上帝的畏惧与尊重的合适态度。(略)

[第10段],结论。康德再次强调说:"崇高不包含在任何[外在的]**自然物**中,而只包含在我们的**心灵**中,如果**我们**能够意识到**我们之内的自然**[心灵],并由此[意识到我们之内的自然]也对**我们之外的自然**(只要它影响到我们)占有**优势**(überlegen)的话。这样一来,一切在我们[心灵]之内**激起**这种情感——为此就需要唤起我们种种能力的**自然威力**——的东西,都可称之为(尽管是非固有的)**崇高**;而只有在我们之内的这个理念的前提下并与其相关联,我们才能达到这样一个**存在者**(Wesens)[这个存在者只能是上帝]的**崇高性的理念**,这个**存在者**不仅通过它在自然界中所显示的威力而在我们心中产生内在的敬重,而且更多地是通过置于(gelegt)我们之内的、毫无畏惧地评判那种**威力**,并把我们的**使命**(Bestimmung)思考为超越于这种**威力**之上的**能力**,来生成**深切的敬重**(innige Achtung)的。"[这里康德把对上帝敬重的理念看成了人们心灵中崇高感的最终根据,从而为信仰留下了地盘。]

第29节　对自然界崇高的判断的模态(摘译)

[第1段],崇高判断的修养。康德指出:对**自然物的美**进行判断是可以达到一致的,但对**自然界的崇高**进行判断却不能轻易指望与别人进行沟通。因为,为了对**自然对象**的这种**优越性**[即崇高性]下一个判断,需要的不光是在审美判断力上,而且在为其提供基础的认识能力上,有更多的**修养**(Kultur)。

[第2段],从一个实例看灵魂崇高感的文化修养。康德论述说:

对崇高情感的心灵**情境**要求心灵对理念有一种**感受性**[接受性];因为正是在自然界对这些理念的不适合中,所以唯独在这些理念与**想象力**把自然界当作理念的一个**图式**[即**中介物**,参见《纯粹理性批判》中的**图式论**]来对待的这种努力的前提下,才能有那种既威慑着感性,同时又具有吸引力的东西[即崇高][展现出来]:因为这是一种**理性**施加于**感性**之上的**强制力**,为的只是与理性自身的领地(实践的领地)相适应地扩大感性,并使感性展望在它看来是一条深渊的那个无限的东西[这个"深渊"就是沟通知性与理性的"人的本性"]。事实上,没有**道德理念**的发展,我们经过文化修养的准备而称为崇高的东西,对于粗人来说只会显得很吓人。因为他将在自然强制力的毁灭作用的那些例证上,以及这个强制力使其自己的力量在其面前消失于无形的巨大规模上,只看到异常的艰辛、危险和困顿,将要包围那被驱逼到那里去的人。所以那善良、明智的萨伏依的农夫(像索绪尔在他的《阿尔卑斯山纪行》中所讲述的)曾把一切雪山爱好者毫不犹豫地称为傻瓜。假如那位观赏者[作者]也像大多数旅游者通常那样,仅仅处于爱好或为了对此做出最动人心魄的描述,而接受了这种他在这里所遭到的危险,那么谁能说这位农夫完全没有道理呢?但这位作者的意图对人们是有教益的;因为这位杰出的人拥有使灵魂崇高的感觉,而且还把这种感觉呈送给了购买他的游记的读者。

[第3段],**崇高判断的根据**。康德指出:对自然界崇高的判断倒并不因为它需要**文化修养**(只是比**对美的判断**更需要),因而就说它首先是从文化中产生出来的,或只是在**社会**中合乎习俗地被采用的;相反,它是在**人的本性**(menschlich Natur)中,即在人们能够凭借健全知性同时向每个人建议并且能够向自己所要求的东西中有其根基

(Grundlage),也就是说,在趋向于对(实践的)理念的情感即道德情感的素质中有其根基。[这里康德强调,在审美判断与道德判断中文化修养的重要性,这是非常重要的和有现实意义的。]

[**第4段**],关于**崇高判断**的**必然性**。康德论证说:这样一来,在这上面就建立起别人对我们关于崇高的判断的**赞同**之**必然性**,这种必然性是我们同时一起将其包含在这个判断中的。因为正像我们责备那在对一个我们觉得很美的自然对象的评判中无动于衷的人缺乏鉴赏力一样,我们也对那个在我们判断为崇高的东西上不为所动的人,说他缺乏情感。而这两方面都是我们对每个人所要求的,并预设每一个具有一些文化修养的人也都具备的,而区别在于:在前一方面,由于其中的判断力只是把**想象力**与作为概念能力的**知性**相联系[这就是说,在鉴赏判断中**想象力与知性相联系**],我们是直截了当地向每一个人提出要求;但在后一方面,由于其中的判断力是把想象力与作为理念能力的理性相联系[这就是说,在崇高判断中**想象力与理性相联系**],因此我们就只是在某种主观前提下(但我们相信自己有权就这个主观前提向每一个人提出建议)才提出这种要求,也就是说,在道德情感的前提下提出这种要求,因而也就把**必然性**赋予了这种审美判断。[这样就推出了崇高判断的必然性。不过这里我们应当根据康德的思路,为崇高情感的第四个契机补充一个定义:崇高的情感就其模态而言是具有主观的必然性的东西。缺少这样一个定义就变成三缺一了,这不能不说是康德的一个疏忽。]

[**第5段**],结论。康德说:在这个**审美判断**[这里是指**崇高判断**]的模态中,即在审美判断的这个被自认为的**必然性**[即主观的**必然性**]中,有一个对判断力批判来说的**主要契机**[即关键因素]。因为正是这种

必然性在这些**审美判断**上标明了一个**先天原则**，并把它们从经验心理学中提升上来——否则它们在这种心理学中，就仍然会被埋没在快乐和痛苦的情感之下（只不过附带了一个无谓的修饰语：精致的情感）——以便把这些判断，并通过它们把**这种判断力**［即崇高判断］置于那些以**先天原则**为基础的一类判断力中，但却又把它们作为这样一些先天原则纳入到先验哲学中去。［这样一来，康德就通过对崇高的判断，把判断力批判整个纳入到他的批判哲学体系中去了。这是康德批判哲学的辉煌业绩。］

对审美的反思性判断的说明的总注释（摘介）

［**提示**］这里是康德对美的判断与崇高判断的总结性说明，至关重要。

［**第1段**］，分类。康德提出：一个对象在它与**愉快的情感**的关系中，要么属于**快适**，要么属于美，要么属于**崇高**，要么属于（绝对的）**善**（**iucundum, pulchrum, sublime, honestum**，拉丁文：惬意、美丽、崇高、德行）。［这就是说，**愉快的情感**包括**快适、美、崇高与善**。］

［**第2段**］，关于**快适、美、崇高、善**。康德认为：**首先，快适**作为欲求的动机取决于快适感的总量，所以它只能通过量得到理解；**其次，**美不仅要求客体的质的表象，而且具有教养作用，因为它同时教人注意到愉快情感的**合目的性；再次，崇高**只在于自然表象中感性之物由以被评判为适合于对其做可能的超感性应用的那种关系；**最后，绝对的善**虽然凭借法则来规定，但它作为道德情感却是自由的而非自然

的,它与感性的或审美的判断有一种亲缘关系。[这样就看得出关于美和崇高的审美判断往前已经牵涉到**认识领域**(即感性认识中的**快适**),往后已经牵涉到**道德领域**(即道德判断中**善**的情感)。]

[**第3段**],**两种审美判断**。康德指出,前面已经对两种不同的**审美判断**做了说明,现在可以从中引出如下**两个界定**。

[**第4段**],美就是那种在单纯的评判中(因而不借助于感官的感觉来按照某种知性概念)而令人喜欢的东西。[这是康德给美所下的一个**一般性定义**。]

[**第5段**],崇高就是那种通过自己对感官功利的抵抗而直接令人喜欢的东西。[这是康德给崇高所下的一个**一般性定义**,算起来也是**第六个定义**。][这样**审美判断**就被区分为**美的判断**与**崇高的判断**了。][但从上述两个定义中也可以看出美与崇高的共同处,那就是:两者都是**令人喜欢的东西**,换言之美感与崇高感都是**一种情感**,是审美判断中所感受到的一种愉悦情感。这一点也是必须弄清楚的。]

[**第6段**],上面两条,作为对审美判断的普遍有效的评判的解释,关系到一些**主观根据**:一方面是感性的根据,只要其有利于静观的知性,[它关系到**美**];另一方面是当它们违反感性而在与道德情感的关联中对实践理性的目的来说是合目的性的,但又把感性与理性结合在同一个主体中时的根据[它关系到**崇高**]。因此,美使我们准备好对某物甚至对大自然也要非功利地喜爱;而崇高则使我们准备好即使这些东西违反我们的(感性的)功利[如感到惊奇、畏惧、恐怖等等]而仍然对它们高度地尊重。

[**第7段**],可以这样来描述崇高:它是自然的这样一种对象,其表象规定着心灵把自然的**高不可攀性**(Unerreichbarkeit)作为理念的

表现去想象。[简言之,崇高就是作为理念的一种表现的自然对象的高不可攀性。实际上这是康德给崇高所下的**又一个定义**。]

[**第8段**],从逻辑上看,理念是不能被表现的,但为了直观自然而扩展我们的经验性表象能力(数学的或力学的),那就需要有理性加入进来,作为[构成]绝对总体的独立自主的能力,并引起心灵徒劳无益的努力,去使感官表象与这些理念相适合。但这种能力却使心灵运用**想象力**去超越感性的使命感陷入不能实现的无可奈何的境地。[此为大意。]

[**第9段**],对出现上述情况的解释:无条件的绝对总体是完全脱离在空间与时间中的自然界的,但却是理性所要求的。这里我们只与作为显象的自然打交道,而这种显象不过是**自在的自然**的表现(即理性理念的表现)。对这个超感性之物的理念,我们不能做进一步的规定,但这个理念却在我们之内通过一个对象而被唤起,而对这个对象的审美评判则使**想象力**尽量把它扩展到极限(在数学上和力学上),致使这种评判建立在对心灵超出自然领地的**使命**的道德情感之上,正是由于这种情感,对象的表象被评判为具有主观的合目的性。[此为大意。]

[**第10段**],**崇高情感**与**道德情感**的结合。

[**第11段**],对自然界崇高的愉悦是消极的。

[**第12段**],**先验美学**中的**纯粹审美判断**。

[**第13段**],智性的美或崇高。

[**第14段**],道德法则的威力。

[**第15段**],热忱与高贵。

[**第16段**],英勇的激情与多愁善感,人的尊严和人的权利。

[**第 17 段**],激情活动与快适的疲倦。

[**第 18 段**],崇高情感对灵魂的扩展作用。

[**第 19 段**],德行与狂热。

[**第 20 段**],德行与超感官的第二自然。

[**第 21 段**],厌世与崇高。

这里特别要指出的是(见第 12 段),关于**先验美学**。康德说:在判断力的**先验美学**中只谈论纯粹的审美判断,例如关于星空的崇高、大海的崇高、人的形象的崇高。他的结论是:审美的合目的性就是判断力在其**自由**中的合法则性。对于对象的愉悦依赖于我们要把想象力投入其中的那个关系;只是想象力是独立自主地把心灵维持在**自由的活动**中。反之,如果有某种别的东西,不论是感官感觉还是知性概念,决定了判断,那么这判断虽然是合法则的,但却不是一个**自由的判断力**的判断了。[这里康德强调的还是心灵中想象力的自由活动,体现了他在崇高论方面的**自由主义倾向**。]

第三章　纯粹审美判断的演绎
［关于美的艺术与天才］

［**提示**］康德在《纯粹理性批判》中在推出了范畴表之后又开辟了"先验演绎"专题，为的是对纯粹知性概念的"合法性"与"客观有效性"进行演绎（即证明）。现在康德在对鉴赏判断的四个契机（四个要素）做了说明后又立了专题，为鉴赏判断的"合法性"与"普遍有效性"进行了演绎。而奇特的是，这里的内容却非常丰富，包括 24 个小节，其中特别集中论述了美的艺术即艺术美的一系列问题，完成了从自然美与崇高美向艺术美的过渡，成为康德美学思想的重要组成部分，值得我们深入学习与理解。只是这里对艺术美以及艺术美与自然美的关系的论述还不够充分，这是很遗憾的。下面是节录和摘录。

第 30 节　关于自然对象的审美判断的
演绎只能针对美（简介）

［**第 1 段**］，**演绎的必要性**。康德指出，一个审美判断在每一个主体方面的普遍有效性的要求，需要一个演绎，即合法性证明（Legitimation）。

[第2—3段]，**对自然界的崇高的审美判断不需要演绎**。理由是：在对崇高的审美判断的**说明**中已经对其合法性进行了演绎。

[第4段]，**结论**。基于上述理由，我们必须探讨的将只有对鉴赏判断的演绎，即对自然物之美的判断的演绎。

第31节　鉴赏判断的演绎方法（简介）

[提示]这个演绎非常重要，因为它不仅涉及鉴赏判断的特征和原则，而且涉及艺术美、艺术创作及其各种形式，还涉及艺术天才等一系列美学问题。

[第1段]，康德说："只有当一种判断提出必然性要求时，才会产生对这类判断的合法性的演绎，这也是当一个判断提出**主观的普遍性**要求时才会发生的情况，只是这种判断不是认识判断，而只是对一个被给予对象的愉快或不愉快的判断，也就是对每个人全都有效的**一种主观合目的性**的奢望，而这种**主观合目的性**是不应建立在关于事物的概念上的，因为它是鉴赏判断。"[**各版本译文不太一致，故此段已重译**。]

[第2段]，康德指出，既然我们所面对的不是任何认识判断，既不是理论上的认识判断，也不是实践上的认识判断，那么我们要依据其先天有效性去为之辩护的，就既不是表现一件事物**为何**的判断，也不是我们为了某件事物**应当**做什么的判断：于是为一般判断力必须阐明的，将只是一种表达出**对象形式**的、某种经验性表象之**主观合目的性**的、单一性判断的那种**普遍有效性**，以便解释某物单是在评判中

（不经感官感觉或概念）就能使人喜欢，是如何可能的，而且就像为了一种认识而对一个对象进行评判都会有些普遍规则一样，每个人的愉悦也可以预示着为每个别人的规则，又是如何可能的。［这是一种类比。］

［第3段］，康德接着指出，既然这种普遍有效性并不建立在统计和询问的方式上，而似乎是建立在对愉快情感做判断的主体的自律上，即建立在他自己的鉴赏力上；那么这样一个判断就具有双重的逻辑特性：一方面具有先天的**普遍有效性**，但不是依照概念的逻辑普遍性，而是一种单一性判断的普遍性；另一方面具有**必然性**［它只能基于先天的根据（在康德那里必然性只能来自先天）］，而不依赖于任何先天的论证根据［因为对康德来说，必然性来自先天是一种先验的假设，是无须证明的］，因此不可能通过这种根据的表象来强迫每个人都要赞同这个鉴赏判断。

［第4段］，康德提示说，为了对鉴赏判断的逻辑特性做出充分解释，他要举例加以说明。

第32节　鉴赏判断的第一特性（简介）

［第1段］，康德对鉴赏判断**第一个特征**的表述是："鉴赏判断就对愉悦（作为美）而言，与**每个人的赞同**一起来规定**自己的对象**，就像它是**客观的**一样。"［这就是说，鉴赏判断的第一个特征是**每个人的赞同**。］

［第2段］，康德举例说，当我们说这朵花是美的，那就等于只是把每个人对这朵花的愉悦的独特要求再说一遍。而绝不会由于这朵花的气味的快意而提出这样的要求。因为对于一个人这气味是令人

爽快,对于另一个人则是使他头晕的。这样看来难道不是说:美必须被看作是**花本身**的一种**属性**,这种属性不取决于这些头脑和这些感官的**多样性**,而它们这时要做出判断,就必须依据这种属性吗? 但情况却不是这样。因为鉴赏判断恰好就在于,一个**东西**只按照那样的性状才叫作美的,在这种性状中,**这个东西**[**的美**]只取决于我们接受它的**方式**。[这就是说,一朵花的美并不取决于花本身的**客观属性**,而取决于人们接受花的**主观方式**。]

[**第3—4段**],康德要求鉴赏判断的主体要独立地进行判断,而不要模仿别人。所以鉴赏要求的是**自律**,如果把别人的判断作为自己判断的根据就是**他律**了。此处不详述。

[**第5段**],此段是关于古代经典作品和经典作家意义的评论。康德认为,鉴赏力并不取决于经典作家的立法,它归根结底是这样的东西,由于它的判断不能通过概念和规范来规定,它最需要的是在文化进展中保持了最长久的赞同的东西的那些榜样,为的是不要马上又变得粗野并退回到最初试验的那种粗糙性中去。[这样康德就强调了**文化的进展**对鉴赏力的决定性作用。]

第33节　鉴赏判断的第二个特征(简介)

[**第1段**],康德表述:"鉴赏判断根本不能通过**论证性根据来加以规定,就好像它只是主观的一样。**"[这就是说,鉴赏判断的第二个特征是非论证性和主观性。]

[**第2—4段**],关于论证性根据,康德举例说,如果某人觉得一座房子、一片风景、一首诗不美,那么**首先**,他不能被众多口舌对这一切

的高度赞美强迫着从内心表示赞赏。这时他清晰地看出,别人的赞赏根本不能充当美的评判的任何有效证据。所以不存在任何经验性的论证根据。**其次**,更不能用一个先天的证明按确定规则来规定关于美的判断,因为它是一个鉴赏判断,而不应当是知性判断或理性判断。看来这就是人们把审美的评判能力冠以鉴赏之名的主要原因之一。

[第5段],康德的结论是:鉴赏判断绝对总是作为对客体的一个**单一性判断**(einzelnes Urteil)来做出的,尽管它只有**主观的有效性**,但它却这样来要求一切主体,就像当它只是一个建立在知识根据之上并可以通过一个证明来强加于人的客观判断时,就总是会发生的那样。[这样康德就强调了鉴赏判断的**单一性**和**主观有效性**。]

第34—40节(略)

第41节 对美的经验性的兴趣(简介)

[第1段],鉴赏判断的两种兴趣。康德说,关于美的鉴赏判断不把任何兴趣作为规定性根据,这在前面已经充分阐明了。但从中不能推论出鉴赏判断不能有任何兴趣与它结合在一起。只是这种结合是间接的,包括**经验性的兴趣**与**智性的兴趣**[即纯粹知性的兴趣]。

[第2段],美的经验性兴趣。康德指出:美的经验性兴趣只存在于**社会**中,而这种社会的冲动就是**社交性**(Geselligkeit)。如果我们承认对社交的欲望是**人类的天性**,是人性的特点之一,那么我们就应该把**鉴赏力**也看作是借以向每个别人传达自己情感的东西的能力,从

而把它看作是实现每个人的自然倾向的手段。[这里康德强调了**鉴赏判断的社会性**,是特别重要的。当然康德还没有达到马克思的高度,没有认识到人的社会性体现在人的"**自由自觉的活动**"中,即体现在"**劳动**"中,更没有认识到"**劳动创造了美**",或者"**按照美的规律来塑造**"。(参见马克思:《1844 年经济学—哲学手稿》,刘丕坤译,人民出版社 1979 年版。)]

[**第 3 段**],实例。一个流落到荒岛上的人独自一人既不会装饰他的茅屋也不会去打扮他自己,或者采集野花并把它们栽培起来点缀环境。而只有在**社会**里他才想到自己不仅是一个人,而且是一个文雅的人,并乐意和善于把自己的愉快传达给别人。每个人也都期待和要求每个人对普遍传达加以考虑,就像来自人类自己所颁布的原始规约一样,所以一开始只是一**种魅力**,例如,加勒比人与易洛魁人用来文身的颜色,或花卉、贝壳、颜色美丽的羽毛;后来还有不带快乐和享受的美丽形式,在**社会**上取得了重要意义;最后达到文明的高点,产生出文雅化的作品,是感觉的价值系于普遍的传达之上,这时一个对象所产生的愉快对个人虽然微不足道,但愉快的普遍传达的理念却无限地扩大着它的价值。[这里康德强调了人的类的共同性,没有丝毫种族主义的痕迹,这在他的那个时代里,是非常难能可贵的,就此而言他的思想远远超过了黑格尔的普鲁士国家主义的极权主义思想。]

第 42 节 对美的智性的兴趣(详介)

[**第 1 段**],一种好意的看法。有人出于好意认为:一般地对美怀有兴趣就是善良的道德品质的标志。但有人却根据经验的事实加以反驳。而实际上似乎是:不仅美的情感与道德的情感有种类上的区

别,而且就连可能与美的情感联结起来的**兴趣**,人们也难以把它与道德**兴趣**联结起来,更不要说通过内在的亲和性而做到其与道德兴趣的**协调一致**。

[第 2 段],**对自然美的兴趣**。我虽然愿意承认对艺术美的兴趣不能充当道德善的思想境界的证据。但是我却主张对自然美怀有一种直接的兴趣任何时候都是一个善良灵魂的特征,而如果这种兴趣是习惯性的,当它乐意与对自然的静观**相结合**时,它就表明了有利于道德情感的心灵情境。但要记住,这里我指的是自然美的**形式**,相反我排斥的是与这种形式结合着的**魅力**,因为其虽然也是直接的,但毕竟是**经验性的**。

[第 3 段],实例。当一个人独自观赏着一朵野花、一只鸟、一只昆虫等的**美的形式**[可见美的形式是与观赏物结合在一起而不可分离的],而赞叹它、喜爱它,不愿意在自然界中完全失去它,哪怕是伤害它,更不能从中看出对他有什么好处,那么这时他对自然的美就怀有一种直接的,虽然又是**智性的兴趣**。也就是说,他所喜欢的不仅是**形式上的自然物**,而且也是这**自然物的存有**[有内容的自然物],而这时并没有感性魅力掺杂进来,他也未把任何目的与之结合在一起。

[第 4 段],**人造的美与自然的美**。如果有人用人造的花或雕刻的鸟来欺骗美的热爱者,那么当他发现了欺骗,他原先怀有的直接兴趣就会马上消失。自然产生了我们前面所说的那种美,这个美的**观念**(**Gedanke**)必须伴随着直观与反思,只有在此基础上才能建立起人们对美的直接兴趣。[这里康德把人造的或艺术的美与原生的或自然的美区别开来。]

[第 5 段],**艺术美与自然美**。康德认为,虽然就**形态**而言,艺术

美甚至胜过自然美,但自然美对艺术美仍然有上述的**优越性**[直接兴趣],这种优越性仍然**独自**唤起直接的兴趣,并与一切在道德情感上经过陶冶的人的高雅的、根基良好的思想境界相符合(stimmt)。因此康德认为,一个有足够鉴赏力的人会情愿离开摆满艺术品的房间而转向大自然的美,以便在那里体验自己精神上的心醉神迷,这样他就会被认定为具有**美的灵魂**。[这里看得出,康德对美的首要关注是**自然的或原生的美**而不是**艺术的或人造的美**,这一点与黑格尔正好相反。]

[**第 6 段**],鉴赏与道德情感。我们拥有一种单纯审美[感性]的**判断力能力**,即对物的形式做无概念的判断并对形式感到愉悦的能力,我们同时又使这种愉悦对每个人成为规则,而这种判断既不建立在兴趣之上,也不产生兴趣。而另一方面,我们也拥有一种**智性的判断力能力**,即对实践准则的单纯形式规定某种先天的愉悦的能力,并使这种愉悦对每个人成为法则,而我们的判断并不建立在任何兴趣之上,但却产生出一种兴趣。**前一种**愉悦叫作鉴赏的愉快和不愉快,**后一种**愉悦叫作道德情感的愉快和不愉快。

[**第 7 段**],**理性的兴趣**。但理性对理念(理性在道德情感中对理念产生一种直接的兴趣)也有客观实在性这一点同样有兴趣,也就是大自然会显示某种迹象或提供某种暗示,好像它自身包含着某种根据,以假定它的产物与我们的不依赖于任何兴趣的愉悦有一种合目的的协调一致,直接引起了理性对自然美的沉思,并把它与对道德的善的兴趣联系起来。[这是大意。]

[**第 8 段**],鉴赏判断与道德判断。康德提出,有人会说:根据与道德情感的亲缘关系对审美判断所做的解释,为了要把这种解释看作自然借以在其美的形式中形象地向我们展示的那些密码的真正的

解读,这太勉强了。而康德认为,首先,对自然美的直接兴趣并不普遍,只有那些已经被教修养达到善的程度的人,或对这种修养有非常好的接受力的人,才具有这种兴趣;其次,这样鉴赏判断与道德判断之间就有一种**类似性**,虽说鉴赏判断的兴趣是自由的,而道德判断的兴趣则建立在客观法则之上。

[第9段],**对艺术的兴趣**。康德指出,还有一点很容易理解,那就是在鉴赏判断中对**美的艺术**的愉悦并不像对**美的自然**的愉悦那样和直接的兴趣结合着。因为美的艺术是对自然的模仿,甚至能达到以假乱真的程度,这就好像自然美已经发挥作用了。在这种情况下,艺术作品所引起的愉悦虽然是通过鉴赏直接产生的,但只是间接的兴趣,也就是说,对艺术的兴趣只能通过其目的,而永远不能通过其自身产生这种兴趣。但也许有人会说:一个美的自然客体,只有它的美与道德理念相伴时才能引起人们的兴趣。但实际上,直接引起人们兴趣的并不是客体[本身],而是**美的内在特质**使它有资格与道德理念相伴,而直接令人感兴趣。

[第10段],**自然美的魅力**。康德指出,美的自然的种种魅力经常与美的形式融合在一起,它们要么属于**光的变换**(在着色时),要么属于**声音的变换**(在发声时)。因为这是两种唯一的这类感觉,它们不仅容许感性情感,而且也容许对感觉变换的形式进行反思,因而就像自然用这种语言向我们倾诉,并使这种语言具有了更高意义一样。所以,百合花的白色似乎使我们的心灵情境趋于**纯洁的理念**,从红到紫七种颜色使我们心灵的情境趋向崇高、勇敢、坦诚、友爱、谦逊、坚强和温柔这样一些理念;鸟儿的歌声在倾诉自己生存的快乐和满足。这就是自然美带给我们的愉悦。[**这样一来,康德就把纯粹形式的美只局**

限于颜色与声音的世界并把它们与理念联结起来。]

第43节　一般的艺术（简介）

[第1段]，艺术与自然不同。康德给艺术下定义说："我们……把通过自由而生产，即通过以理性为其活动基础的某种任意性而进行的生产，称为艺术。"[换言之，艺术是自由和任意的生产活动，是以理性为其活动基础的生产或创作活动。]他又说："如果我们把某物绝对地称为一件艺术品，以便把它与自然的产物区别开来，那么我们就总是把它理解为一件人的作品。"[可见艺术是人造的，是属人的，是属于人的情感与理智的，因此艺术是人本主义的，并且是自由主义和理想主义的。这里康德突出了艺术创作的自由主义和理想主义特征。]

[第4段]，艺术作为技巧（Geschicklichkeit）也与科学不同。

[第5段]，艺术甚至也与手艺不同，前者叫作**自由的艺术**，后者也可以叫作**雇佣的艺术**。

第44节　美的艺术（简介）

[第1段]，没有美的科学，只有美的艺术。

[第4段]，美的艺术是这样一种表象方式，它本身是合目的性[即形式的合目的性]的，又没有目的[这就是"无目的的合目的性"，即"形式的合目的性"]，但却促进着在社交性的**传达**（Mitteilung）方面的培养。

第 45 节　（略）

第 46 节　美的艺术是天才的艺术(简介)

[**第 1 段**]，康德称："**天才**就是给那艺术提供规则的才能（禀赋）。"由于这种才能作为艺术家的天生**创造能力**本身是属于自然［即**心灵的自然**(参见《纯粹理性批判》)］的，因此我们也可以这样来表述：**天才**就是天生的**心灵素质**(ingenium)，通过它［心灵素质］自然给艺术提供规则。

[**第 2 段**]，因此：美的艺术不能不必然地被看作是**天才的艺术**。

[**第 4 段**]，所以：1. 天才是一种产生出不能为之提供任何确定规则的那种东西的才能，**创造性**是它的**第一特性**；2. 虽然可能会有独创的胡闹，但天才的作品又必须同时是典范，可供别人用来模仿；3. 天才自己不能科学地指明他是如何创作出自己的作品来的，也不能提出一种独创性的理念，只能把他的作品归之于**灵感**(Eingebung)；4. **自然**［心灵的自然］通过天才不是为科学，而是为艺术颁布规则，而且这种艺术应当是**美的艺术**。

第 47 节　（略）

第 48 节　天才对鉴赏的关系(简介)

[**第 1 段**]，为了评判美需要有鉴赏力，为了创造艺术的美需要有

天才。

[第 2 段]，如果把天才看作是在美的艺术上的才能，就必须预先对自然美与艺术美的区别做出精确规定：对前者的评判需要有**鉴赏力**，对后者的可能性则需要有**天才**。

[第 3 段]，**自然美是一个美的物**；**艺术美**则是关于一个物的美的**想象**（**Vorstellung**，想法、表现、表象）。[这里康德道出了**艺术美的本质**。]

[第 4 段]，为了评判自然美无须去认识其**质料的合目的性**（即目的），而为了评判艺术美则要以某种目的为前提，即需要一概念为基础，例如说"这是一个美女"，那无非是大自然在她的形象中美丽地体现了女人身体结构的那些目的。[但康德没有说明美女究竟是自然创造出来的艺术品还是艺术家创造出来的艺术品。（参见朱光潜在《西方美学史》中的评价。）]

[第 5 段]，美的艺术的优点表现在：它美丽地描述的那些物，在自然界中或许是丑的（häßlich）或讨厌的（mißfällig）。例如复仇女神、疾病、兵祸等等，作为祸患都能被描述得很美，甚至被表现在油画中；只有一种**丑类**（**Art Häßlichkeit**）不能照自然那样被表现出来而不摧毁一切审美愉悦，这就是那些令人恶心的东西（如死亡和战神），因为这种东西好像在强迫人们去品尝它们，而人们却在极力抗拒着它们。

第 49 节　构成天才的各种心灵能力（简介）

[第 1 段]，从精神谈起：有人认为，一部分被认为美的艺术作品是没有**精神**（**Geist**）的，如一首漂亮的诗、一篇精巧的祝词、一次不缺乏风趣的交谈，甚至一个俏丽的少女等等是没有精神的。那么精神

究竟是什么呢?

[第2—3段],康德给精神下定义说:"**精神**,在审美的意义上说,就是那心灵中**富有生气**的原则(belebende Prinzip)。"这种原则使心灵处于焕发状态,因此它是一种把**审美的或感性化的理念**显现出来的能力(Vermögen der Darstellung ästhetischercher Ideen)。这种审美的[感性的]理念是**想象力**的一种**表现**,它是**理性理念**的对立面(对应物),因为理性理念是一个不能有任何直观(想象力的表现)与之相适合的概念。[这里康德把**审美理念**与**理性理念**区别开来。]

[第4段],接着是想象力,康德说:**想象力**[作为生产性(即创造性)的认识能力]在从现实自然中提供给它的材料中仿佛能创造出另一个自然方面是**极为强大的**。[因此,没有想象力就没有美感和美。]

[第5段],我们可以把想象力[所产生]的这一类表现称为理念:这部分原因是**想象力的表现**在努力追求经验之外的东西,而试图接近于对**理性概念**的体现,从而使它带有某种客观性的外表;部分原因也是没有任何概念能够与这些作为**内部直观的表现**完全相适合。所以诗人敢于把不可见的存在物的理念,如天福之国、地狱之国、永生、创世等等感性化;或者也把经验中的实例,如死亡、嫉妒、罪恶、爱情、荣誉等等超出经验的限制,借助于**想象力**[即想象力的综合]使其在**完善性**上成为可感的,这些东西虽然在自然界中找不到实例,它们只是审美的或感性化的理念能力充分表现于其中的诗艺,而这种能力只不过是一种才能,即**想象力的才能**。

[第6段],现在,如果给**想象力**的一个表现配以一个概念,这个表现是展现这个概念所需要的,但单就表象自身而言,却将引起更多的、一个确定的概念永远也统合不了的**想象**,从而就使概念本身已无

限制的方式做了审美的或感性的扩展,这样**想象力就成了创造性的,**并使智性理念(理性)能力活跃起来,即在引起一个表现时想象到更多的东西。

[**第7—8段**],而有些**形象**并不构成一个被给予的概念本身的**表现**(描述、表达),而只是作为**想象力**的附带的**表现**表达着与此概念相连接(verknüpften)的结果以及与其他表象的亲缘关系,这些形象就被称为一个对象的审美象征,如朱庇特的神鹰等等,它们为人们提供某种**审美的或感性化的理念**,其作用是服务于**理性的理念**,而真正说来是为了使心灵富有生气(beleben)。这种象征在绘画、雕刻、诗艺、演讲术中都起到了鼓舞精神的作用。

[**第9—10段**],康德的结论是:总之,**审美的或感性化的理念**是一种由想象力分派给一个被给予的概念的表现,它们鼓动着认识能力。所以**想象力与知性结合起来构成了天才的心灵力量**。[这里说的是,艺术创作是在理性理念的指引下,想象力与知性相结合的一种自由游戏,但康德并没有详细论述理性、知性与想象力在艺术创作活动中的作用,这是很遗憾的。]

* * *

康德还追加说,关于天才他还发现:**第一**,天才是一种艺术才能,而不是科学才能,没有先行的规则;**第二**,天才作为艺术才能,是以作为目的的作品的一个确定的概念为前提的,从而是以知性为前提的;**第三**,天才与其说是通过展现一个确定概念而显示出来的,不如说是通过陈述(Vortrage)或表达(Ausdrucke)那些包含丰富材料的**审美理念**而显示出来的;**第四,想象力与知性的协调一致**是主体的本能所产生的。[这样康德就把美的艺术归结为**天才的艺术**,这是康德美学思想的一个亮点。]

第50节　在美的艺术作品里鉴赏力和天才的结合(简介)

康德认为,在美的艺术中**鉴赏力**比**天才**更为重要,因为鉴赏力不仅对天才加以训练,而且还对天才加以指导。因此结论是:对美的艺术要求有**想象力、知性、精神**和**鉴赏力**。

第51节　美的艺术的划分(简介)

[**第1段**],我们可以**一般地**把美(无论是**自然美**还是**艺术美**[也包括崇高的美])称为对**审美理念的表现**[这里是康德关于美的一个非常重要的一般性经典定义。不过这里的"审美理念的表现",也可以理解为:感性理念的表现,因为 ästhetischer 完全可以译为"感性的",如果译为"审美的"就与作为主词的 Schönheit 有些重复,那就等于说"美是审美理念的表现"了。而如果把"审美理念的表现"理解为"感性理念的表现",那么"感性的理念"也就是"感性化的理念"或"理念的感性化"。所以按我们的理解,"美是感性化理念的表现",其含义不过是:美是理念的感性化表现,这就使译文显得更加通顺,而且与黑格尔给美所下的定义"美是理念的感性显现"有异曲同工之妙。]只是在**美的艺术**[艺术美]中这个理念必须通过一个**来自客体的**概念[如花、鸟、山、水等概念]来引发,而在**美的自然**[自然美]中为了唤起(Erweckung)和传达那被看作由那个客体来表现的**理念**,却只要有对一个被给予的直观的反思就够了,而不需要一个关于对象是什么的概念。[因为鉴赏判断是一种单纯的反思性判断,所以不需要概念,只在传达中需要有理念的指引;而艺

术活动则以理性的理念为基础(见第 17 节),因此需要关于客体的概念来引发。]

[第 2—3 段],下面就是康德所"尝试"[参见康德:《判断力批判》,邓晓芒译,人民出版社 2002 年版,第 166 页的注释①]的对美的艺术(即艺术美)的三种划分,即语言艺术、造型艺术、感觉游戏艺术。

[第 4—6 段],1.语言艺术即演讲术和诗艺。演讲术是把知性的事物作为一种想象力的自由游戏来促进的艺术,它实行起来好像是娱乐听众,完成的少于它所许诺的;诗艺是把想象力的自由游戏作为知性的事物来实行的艺术,它为知性提供如此多的东西,就好像它本来就只是有意在促进知性的事物似的,完成的多于它所许诺的。[可见演讲术的目的是煽动,诗艺是真情表露。]

[第 7 段],2.造型的艺术,或理念在感官直观中表现的艺术[注意,这个提法与黑格尔的美的定义更类似],要么是感官真实的艺术,要么是感官假象的艺术。前者是塑形(Plastik)艺术[包括雕塑与建筑],后者是绘画(Malerei)艺术。两种都使空间中的形态(Gestalten)成为理念的表现:塑形使形态在视觉与触觉(后者虽然不着眼于美)两方面成为可感知的,绘画只在视觉方面是这样的。审美的[感性的]理念(原本、原型)在想象力中为这两种艺术奠定了基础;但构成对理念的表现的那个形态(副本、摹本),则要么是在形体的广延中[如同对象本身的实存那样(在立体上)]被给予出来,要么是按照这广延在眼中所呈现的那种方式(按照其在一个平面中的显象)被给予出来;或者,即便是第一种情况[指塑造],也要么是与一个现实的目的相关[如米隆的《掷铁饼者》雕塑],要么只与被当作反思条件的这个目的的假象相关[如巴托尔迪的《自由女神》雕塑]。[此处各译本有所不同,因此已重译。]

［第8段］，属于前一种美的造型艺术即塑形艺术的有**雕塑艺术**与**建筑艺术**。雕塑艺术是立体地表现事物的概念艺术；建筑艺术是只有借助于艺术才可能的表现事物的概念艺术……在雕塑艺术中，主要意图只是使审美［感性］理念得到表现。所以人、神、动物等雕像属于雕塑艺术。庙宇、礼堂、住宅、柱廊等属于建筑艺术，其产物的适用性构成了其本质。而一尊雕像却只是为观赏而创作出来的，它本身就是令人喜欢的，它作为形体的表现是对自然的单纯模仿，但也考虑到了审美的［感性的］理念：于是这里感官的真实不能走得太远，以至它不再显得是艺术的、任意的作品了。

［第9段］，作为第二种造型艺术的**绘画艺术**，是把感官假象人为地与理念结合着来表现的，我将划分为美丽地描绘自然的艺术和美丽地编排自然的艺术。前者是真正的绘画，后者则是园林艺术。前者给出的只是立体广延的假象，后者给出的虽然是真实的有形广延，但却只是为了别的目的，而不是只为了观看它们的形式而做的想象的游戏这种假象。……［只可惜康德没有接触过中国画，其实元代以来中国文人的水墨画以山水、花鸟、人物等物之形体来寓情、寓意、寓理、寓生命之真性的独特画风与康德的人本主义美学思想有很多相通之处。］

［第10段］，感觉的美的游戏（仍然**可普遍传达**）所涉及的艺术可分为**听觉方面的音乐**和**视觉方面的色彩艺术**。……但我们不能肯定一种**音调**（有比例的空气的振动）或一种**颜色**（有比例的光的振动）仅仅是快适的感觉，还是一种**美的游戏**并带来一种对形式的愉悦。在对两者的评判中，我们应当相信与声音和颜色结合在一起的只是快意，而不是它们的组合美。但反之，我们又不能不看到，对音调和颜色这两种感觉不能只看作是感官的印象，而是要看作对多种感觉在

游戏中的形式做评判的结果。按照这后一种解释,音乐就被表现为美的艺术。［这里所提到的**视觉**方面的**色彩艺术**显然包括了**绘画艺术**。］

第52节　在同一个作品里各种美的艺术的结合

这里康德提到了**歌剧**和**舞蹈**等综合性艺术种类。

具体论述略。

第53、54节（略）

［**短评**］从以上论述中可以看出,康德的形式美学思想是主观唯心主义的,而且康德偏重于自然美而对艺术美的阐述不够充分,这是毫无疑问的,但康德对近现代美学的贡献却是无与伦比的,这至少表现在以下几点上。

首先,他确立了不可动摇的以人为本的人本主义美学的历史地位,并把形式主义与自由主义视为人本主义美学的不可分割的一体两翼。

其次,他深刻阐明了人类对自然界的审美活动中自然的人本主义与人的自然主义的辩证关系,强调了人与自然的和谐统一。

最后,他弘扬了人的类本性即人的自由自觉的活动在审美判断中的基础地位,为科学美学的建立铺平了道路,并为抵制阶级论与机械唯物论美学思想提供了指导思想。

第四章　审美判断力的辩证论
（摘要）

[提示]　这里康德套用其《纯粹理性批判》一书所设计的结构模式论证审美判断力所遇到的矛盾,是没有说服力的。此处是简介。

第55节　[引言]

这是引言。康德说:一个判断力如果应当是辩证的,就必须首先是推想的[玄想的],因为辩证论就在于这些判断的相互对立。

第56节　鉴赏的二律背反的表现

这里康德把争执与争辩加以区分,**前者**是指每一个人都有他自己的鉴赏,而这一判断无权要求别人的赞同;**后者**是指一个鉴赏判断的规定性根据可能是客观的,但不可能被放到确定的概念上来。据此在鉴赏原则上就表现出如下的二律背反。

1.正题。鉴赏判断不是建立在概念之上的。因为否则[即如果是建立在概念上]对它就可以争辩了[即可以通过证明(而证明需要概念的参加）来判定]。

2.反题。鉴赏判断是建立在概念之上的。因为否则[即如果不是建立在概念上]尽管这种判断有差异，对此也根本不可能进行争执[即要求别人必然赞同这一判断（因为没有概念争执就不能进行）]。

第57节　鉴赏的二律背反的解决

[**第1段**]，解决的**前提**。康德认为，要消除那些给每个鉴赏判断以支持的原则之间的冲突[即分析论中**表现出来**的鉴赏判断的两个特点（即客观性与主观性）]是不可能的，除非我们指出：鉴赏判断的两个准则[特点]并不是在同一个意义上；这种双重意义对先验判断力来说是必要的，而在双方的混淆中所造成的自然假象也是不可避免的。

[**第2段**]，鉴赏判断与概念的关系。康德认为，鉴赏判断必须与某个概念相关；因为否则它就不能要求对每个人的必然有效性。但它又恰好不是可以从一个概念得到证明的[因为它不是**认识判断**]，因为一个概念可能要么是可规定的，要么是自身未被规定的同时又是不可规定的。前一种类型是**知性概念**[经验性概念，如**玫瑰花**]，后一种类型是**先验理性概念**[如**自由**、**不朽**]。

[**第3段**]，鉴赏判断的**主观性**。康德提出，鉴赏判断针对的是感官对象，但不是为知性规定这些对象的一个概念，因为它不是认识判断。所以它作为与愉快情感相关的单个直观表象只是一个私人判断，因此每个人都有自己的鉴赏。[这就是它的主观性。]

[**第4段**]，鉴赏判断的**客观性**。康德指出，毫无疑问，在鉴赏判

断中是包含客体表象(同时也包含主体表象)的某种更广泛关系的,我们以此为根据把这类判断扩展为对每个人都是必然的,所以这种扩展必须以一个概念为基础。但这个概念只能是关于超感官之物的纯粹理性概念,正是这个超感官之物为感官客体即作为显象的对象(包括下判断的主体)奠定了基础。这样一来,对鉴赏判断的证明就是可能的了,而这正好与正题相矛盾。

[第5—8段],二律背反的解决。康德认为,二律背反中的矛盾将被消除,只要我们说:鉴赏判断应当基于某种概念之上,鉴赏判断正是通过这个概念而获得对每个人的有效性的,这个概念也许就在作为超感官基底的对象的概念(即理念)中。这样二律背反的正反命题就可以互相并存了。可是我们却把两个命题都理解为同一种含义了。

[第9段],结论。正反两个都是真的。

[注释一],审美理念。康德给理念下定义说:"理念,在最一般意义上,就是根据某种(主观的或客观的)原则而与一个对象相关的表象,不过就是就这些表象永远也不能成为这对象的知识而言的。"这些理念要么是按照各种知识相互间(想象力和知性间)协调一致的单纯**主观原则**而与一个直观相关,这时就叫作**审美的**[**感性的**]理念,要么就是按照一个**客观原则**而与一个概念相关,但却永远不能充当一个对象的知识,这就叫**理性理念**;在后一场合下这概念就是一个超验的概念,它与知性概念是不同的,知性概念任何时候都能得到一个与之适当相应的经验的支持,它因此而叫作内在的。[这样康德就把**审美理念与理性理念**区别开来了。]

第58、59 节（略）

第 60 节　附录 鉴赏的方法论（摘要）

这里康德指出以下几个重要观点。

［**第 1 段**］，在鉴赏判断中是没有关于美的科学的，所以并没有方法，而只有风格。

［**第 2 段**］，美的艺术的最高**完善性**不在于规范，而在于通过人文学科的预备知识而得到陶冶，因为**人性**（Humanität）一方面意味着**同情感**［正如孟子所言："无恻隐之心，非人也。"（《公孙丑》上）］；一方面意味着**能够普遍传达**［正如孟子所言："心之所同然者何也？谓**理**也，**义**也。"（《告子》上）］，这些特点结合在一起构成了适合人类的**社交性**，使人类与动物区别开来。

［**第 3 段**］，一个未来时代很难使那种**典范**成为多余的，因为这种典范将越来越不接近自然，并且最终如果不具有典范的持久榜样，就不能把最高**教养**的强制性与这种**教养**所固有的**自由本性**的力量结合在同一个民族中。［康德指出：**教养包括鉴赏或语言方面的教养，或理性和条理方面的教养**。（参见康德：《康德美学文集》，曹俊峰译，北京师范大学出版社 2003 年版，第 258 页）］［这里康德强调的还是美的艺术的人本主义或人道主义的典范意义。］

下　卷

目的论判断力批判

第五章　目的论判断力分析论
（摘介）

[**总提示**] 这里康德开始了从自然界对人的主观合目的性到人对自然界的客观合目的性的转换，即从自然的属人本质到人的自然本质的转换。这一转换是非常重要的，充分体现了康德的主观与客观、认识与实践、现象与本体、精神与物质，简言之人与自然的和谐统一的人本主义思想。但当初康德所设想的只是对"趣味"（即"鉴赏"）的批判，因此他把目的论与鉴赏力看作是一个东西（参见曹俊峰：《康德美学引论》，天津教育出版社 2001 年版，第 121—122 页），甚至认为把对美的批判纳入到理性原则之下是"白费力气"（参见康德：《纯粹理性批判》，邓晓芒译，人民出版社 2004 年版，第 27 页）。后来他发现了联结知性与理性即理论哲学与实践哲学的中间环节，即反思性判断力，于是他就决定加上目的论判断力批判，把它与审美判断力批判联结为一个整体。但这两大部分之间究竟是什么关系，却没有人能完全说清楚。而实际上，对康德而言：在客观自然界的巨大系统中[包括物质的自然与心灵的自然]，美和美感也是自然界的一部分（见第 67 节），因此不理解人对自然的客观合目的性，就不能理解自然对人的主观合目的性，反过来说，不理解自然对人的主观合目的性，就不能理解作为有理性、有

道德的存在者的人对自然的客观的终极合目的性。这样一来，属人的自然与作为自然的自然（见第82节）、审美判断力与目的论判断力、主观合目的性与客观合目的性、有自由意志的人与有因果必然性的自然就不可分割地联系起来。弄清这一点，审美判断力与目的论判断力的关系就能够说清楚了。当然这只是理论上说清楚而已，而人与自然、主观与客观、审美判断力与目的论判断力等矛盾的真正解决最后还要诉之于实践，即诉之于生产劳动，正如马克思所说："理论的对立本身的解决，只有通过实践方式，只有借助于人的实践力量，才是可能的；因此，这种对立的解决绝对不只是认识的任务，而是现实生活的任务，而哲学未能解决这个任务，正是因为哲学把这仅仅看作理论的任务。"（参见《手稿》）[所以康德的理论哲学与实践哲学（必然与自由）矛盾的解决、审美判断力与目的论判断力等矛盾的解决，只有通过人的实践活动（即生产劳动）才能解决。在康德那里虽然有道德实践，甚至也提到了技术实践，但却没有突出生产实践或劳动实践，而这正是马克思高于康德的地方。]

还有，这里的目的论判断力批判所讲的是从类比或比喻的意义上来看自然界本身的客观合目的性的，包括一般自然物（包括无机物）的合目的性、有机物的合目的性和人或人类的合目的性三个层次，至于合乎谁的目的或怀抱目的者是谁的问题这里却没有说明，而准确地说应当是：各个层次的自然物之间的类比的或拟人化[即人类的知性把自然物人性化——有灵化——知（理智）、情（情感）、意（德行）化]的合目的性。正如康德所说："我们在目的论中虽然谈到自然界，仿佛在它里面的合目的性是有意的那样……以至于是我们把这种[合目的的]意图赋予了自然界，即赋予了物质；借此我们想要指明的是，[合目的性]这个词只意味着一条反思性的判断力原则……因此我们在目的论中……完全有权谈论自然的智慧、节约、远虑和仁慈，而不因此就使自然界成为某种有理智的存在者（因为那将是荒谬的）。"（康德:《判断力批判》,邓晓芒译,人民出版社2002年版,第234页）但应当指出的是,康德的自然的客观合目的性不过是一种先验的假设,其用意无非是把人的主观合目的性与自然的客观合目的性、人与自然、实践哲学与理论哲学联结起来,这是他的先验哲学体系的需要和纯粹理性建筑术的需要,其核心思想只不过是他的人本主义而已。下面是康德的具体论述。

第 61 节　自然界的客观合目的性

[**提示**] 这一节相当于目的论判断力的总论或导论。

[**第 1 段**]，先谈主观合目的性。康德说：按照**先验原则**[**即唯形式论或形式决定论原则**]，我们有足够的理由把自然的主观合目的性加以把握，这样一来我们所指望的自然产物，包括其特殊的形式，就好像它们本来就适合于我们判断力而设置的那样，而这些形式通过其多样性和统一性似乎有利于加强和维持心灵的**各种力量**[认识能力、情感能力、欲求能力]，因此我们赋予这些形式以**美的形式**的称号。[这里说的是自然界的形式对人来说的主观上的合目的性，而这种合目的性则是合乎人的目的，这是典型的人本主义观点。]

[**第 2 段**]，关于自然物的类比的因果性。康德认为，在作为感官对象的总和的**自然界**[即自然]这个一般理念（观念、理念）中，我们没有任何根据认为自然物是互相作为目的和手段的，而它们的可能性只有通过这种类型的**因果性**才能得到充分理解。因此我们只能设想那些自然物，作为我们心中的表象，它们的互为**目的**和手段，是按照与我们心中诸表象的联结的主观根据的**类比**而使其成为可能的，而不是从客观的根据来对它们的联结加以认识的。[这就是说，自然界的目的如果有的话，也只能是一种类比。]

[**第 3 段**]，关于自然之外的客观合目的性。康德认为，由于自然中从机械作用角度看的互为因果性充满了**偶然性**，例如，在鸟的机体构造中骨骼的空腔、双翼的运动、尾巴对方向的控制……因此我们只

可能在机械的**自然概念之外**［在上帝或人那里］才有希望找到**先天根据**。［这里说的是"偶然的合目的性"。（见第63节第3段）］

　　［**第4段**］，关于自然界的合目的性与我们人本身的合目的性的**类比**。康德认为：**目的论的评判属于反思性的而不是规定性的判断力**，因为我们在引证一个目的论的根据时，我们是按照与这样一种因果性（这类因果性是我们在自己心中发现的）的**类比**来想象对象的可能性的，所以我们是把自然思考为通过自己的能力而具有技巧的。这样一来，事实上它就根本不是判断力所特有的（像美这一概念作为**形式的主观合目的性**那样），而是其作为**理性概念**在自然科学中引入了一种新的因果性［即自由的因果性］，但这种因果性却只是我们从**我们自己那里借来而赋予了别的存在者**［即自然物］，尽管如此却不想假定这些存在者与我们具有同样的性质。［这里一开始就从主观合目的性转向了客观合目的性，并强调了自然界的目的论不过是一种类比或比喻的说法，是我们人或人类把自己的目的概念赋予了自然物。］

第62节　与质料上的客观合目的性不同的
单纯形式上的客观合目的性

　　［**第1段**］，**客观的合目的性**。康德说：按照一条原则［即按一个**概念**，如三角形］画出的一切**几何图形**，其自身就会显示出一种多样化的和令人惊奇的**客观合目的性**，也就是按照一个单独的原则来解决许多问题，并且也许还适用于以无限种不同的方式来解决这些问题中的每一个问题。这样的合目的性显然是客观的和**智性**的合目的性，而并不单是主观的和感性的（或**审美**的）合目的性。因为它表现了图

形对许多按目的要达到的形状的适应性,并且它能够通过**理性**来认识[因为理性直接为**知性概念的杂多**,间接为**感性直观的杂多**,提供"绝对的统一"(参见郭立田:《康德〈纯粹理性批判〉文本解读》,黑龙江大学出版社 2010 年版,第 28 页)]。不过这种合目的性并不使关于**对象本身**[即物自身]的概念成为可能,也就是说,对象本身并不仅仅是考虑到这种应用而被视为可能。[这样看来,这种客观的合目的性只是自然物类比的"合目的性",并且是关于物的所谓"先天形式"(空间与时间)上的"客观合目的性",即客观形式的合目的性,而不是客观质料上的"合目的性",因此也并非是使目的物本身(即自在之物)成为现实的,而只是一种玄想的目的。这里要注意,康德把物的先天形式称为所谓的客观形式,其实它仍然是主观性的东西,这就是他的先验唯心论,实际在康德那里主观也是客观,而与此同时客观也是主观了,这是康德的自我矛盾的辩证法。]

[第 2—4 段],关于几何学的实例。(略)

[第 5 段],结论。康德指出,人们习惯于把几何学与数学的上述属性称为**美**,例如谈论圆的美,就不能不丧失美的确切含义,而使智性的愉悦不能不丧失对感性愉悦的优越性。因此最好把数学图形的美称为相对的完善性。[这里也许可以看作是**自然物的单纯形式的客观合目的性**,可称为数学的客观合目的性,其与美的形式的属人的主观合目的性是不同的东西。]

第 63 节　自然的相对合目的性区别于自然的内在合目的性

[**提示**]这里讲了两种合目的性,即外在的、偶然的、相对的合目

的性与内在的、必然的、绝对的合目的性,康德认为后者是人的知性和理性所赋予的合目的性。

　　[第1段],**偶然与必然两种合目的性的区别**。康德认为,经验把我们的判断力[判断力属于知性]引到一个**客观的**和**质料的合目的性概念**上去,即引到一个**自然的目的**[即自然目的,要知道,说自然界有目的只是个类比(见第62节第4段),实际是自然界的拟人化而已]的概念上去,这只是在必须对原因与结果的关系做出评判的时候,而这种因果关系又只是由于我们把**结果的理念**视为**原因的因果性**本身的根据,并使这种**理念**成为因果关系的可能性条件加给原因的因果性上时,这样我们才能看出它是**合法则**的。但这可能以两种方式发生:要么我们把这个结果直接当作是**工艺品**(**Kunstprodukt**),要么只当作别的可能的**自然存在物**的工艺材料,因而,要么当作**目的**,要么当作其他原因合目的应用的**手段**。后面这种合目的性[作为**手段**](对人类而言)就叫作**有用性**,或者(对任何其他被造物而言)叫作**适宜性**(**Zuträglichkeit**),这只是**相对的合目的性**[又称"外在的合目的性",即"偶然的合目的性"(见下文)];而前一种合目的性则是自然存在物的**内在的合目的性**[即"绝对的"合目的性或"必然"的合目的性(参见康德:《判断力批判》,邓晓芒译,人民出版社2002年版,第217页)]。[这段重要的话,各译本间差距很大,因此我做了重新梳理。]

　　[第2—6段],**实例**。例如康德指出:河流带来了各种各样有利于植物生长的土壤,涨潮把这些土壤的沉积物带着漫过陆地,使植物赢得了地盘,这是否可以把它评判为自然界的一种目的呢?(见本节第2段)还有可以举出一个有关某种自然产物作为手段对另一些创

造物(如果把它们设定为目的的话)有促成作用的例子,那么没有任何土壤比沙土更有益于云杉生长了。这些都是**相对的、偶然的合目的性**(见本节第3段)。还有,如果一个人由于他的因果作用的自由性[即**自由的因果性**],而发现自然物有利于他的愚蠢目的,例如用五彩羽毛装饰他的衣服,或者处于合理的目的,发现马有利于乘骑、牛有利于耕地,那么在这里就连自然的相对目的也不能算了(见本节第4段)。由此可以看出,**外在的合目的性**只有在下述条件下才能成立:那种或近或远地与其相适宜的东西的存在本身才是自然的目的。由此可以得出结论:那相对的合目的性尽管在某种假定的意义上显示了自然目的,但它仍然没有资格成为**绝对的目的论判断的根据**(见本节第5段)。

[以上可以看作是从自然界的所谓客观因果关系来看的对人而言(即从人的角度来看)的客观合目的性。]

第64节 作为自然目的之物的特有性质

[**提示**]这里层层展开,论述对人而言的[即从人的类比角度来看的]自然界中的目的物的特有性质。

[**第1段**],**形式的必然性**。康德指出:为了看出一个**物**只有作为**目的**才是可能的,即看出它的起源的**因果性**[即**因果性形式**或**因果性法则**],不是到自然的机械作用中,而是必须到一个**由概念**规定其起作用的**能力**[即**欲求能力**]的**原因**中去寻找。这就要求:**物的形式**不是按照单纯的自然法则而可能的,即不是按照仅由**知性**在应用于感官对象

时就能被我们认识到的那些自然法则而可能的[**那是知性所认识到的机械的必然的因果性**]；相反，**物的形式本身**[**即物的纯粹形式**]就其为关于原因与结果的经验性知识而言，[**最终**]也是以**理性概念**[**即理念，包括灵魂、世界、上帝**]为前提的。[**对康德而言，物的纯粹形式，即时空、范畴和理念，只能来自先天的感性、知性和理性。**]而这样一种偶然性[**即自然的偶然性**]——[**与其相关的**]物的形式[**即必然的因果性形式**]存在于一切经验性的自然法则中[**这是知性的必然因果性**]。并处于与理性的关联中[**这是理性的自由因果性**]。由于理性哪怕只是要看出与一个自然产物的产生相联结的条件，也必须在这产物的每一个形式上认识其必然性，但仍然不能在那**被给予的**[**物的**]形式上假定这种必然性[**因为在感官中被给予的物的形式是偶然的**]——其本身就是一种假定那种自然产物的因果性的理由，就像这种因果性只有通过理性才可能似的[**这是从偶然的因果性中发现的必然因果性**]。但这样一来，这种因果性就是按**目的**来行动的那种**能力**[**即一个意志（自由意志）**][**这又引出自由的因果性**]；而表现为只有从**这种能力**[**即欲求能力**]出发才可能的客体，就只有作为[**内在的**]目的才被表现为可能的了。[**此段话已重译，这里讲的是从偶然性（来自感性或感官）与必然性（来自理性或智性）的关系上来看的对人而言的自然目的物的客观合目的性，说的是在这种目的物中偶然中含有必然，并突出了其中的形式的必然性和形式的自由。**]

[**第2—6段**]，引申。第一（第2段），一个实例：无人沙滩上的规则六角形所体现的理性的目的（工艺品）。第二（第3段）**自然目的**[**即自然或自然物的目的，当然这是从类比的意义上看的**]：自己是自己的原因和结果，它表现如下。第三（第4段）一棵树按自然法则长出另一棵树所体现的类的自我保存。第四（第5段）一棵树的自我生长所体

现的挑选能力和形成能力。第五(第6段)这棵树的某个部分被嫁接到另一棵树的树枝上所体现的自我保护的本能。[这里说的是**自然物的目的性**。]

[以上可以看作是从自然界的客观必然性(属于模态)来看的客观合目的性。]

第65节 作为自然目的之物就是有机物

[**提示**]这里讲的是作为自然界的目的之物是有机物,康德的思想已经在类比或比喻的意义上从无机物的目的论转向了有机物的目的论了。这是一个非常重要的转变,为人是自然界的终极目的的论断打下了基础。这里首次提出"自然目的之物",即"自然的目的物"的概念。

[**第1段**],自然物的互为因果作用。康德说,根据上节所讲,一个应当作为**自然产物**同时又只作为**自然目的**才能被认识的物,必须自己与自己处于作为原因与结果的交互关系中,这是一种不太恰当、不太正确的表述,它需要从一个确定的概念中来推导。

[**第2段**],作用因与目的因。康德指出,**通过知性的考虑**,构成从原因到结果的下降系列的联结,结果不能反过来成为原因的原因[如祖孙相接的系列],这种因果性叫作用因。但反过来,**从理性来考虑**,原因与结果就可以颠倒过来,如房子是房租所收入的钱的原因,反过来,收房租的想法也可以是建房的原因。前者称为**实在的原因联结**,后者称为**理想的原因联结**。

［**第3—9段**］，通过对自然万物部分与部分、部分与整体、整体与部分之间的复杂因果关系的**反思**，按照与知性和理性的类比，康德推导出作为自然目的之物就是**有机物**。［有机体就是生物，康德说："其他大部分生物的主要使命就是**生存和延续种群**。"(康德:《康德美学文集》，曹俊峰译，北京师范大学出版社2003年版，第94页。)］准确说，自然界的有机体与我们已知的任何一种因果性都没有一点相似之处。但自然的内在完善性，如同那些只作为自然目的，因而叫作有机体的东西所具有的那样，是不能按照**类比**来思考和解释的。

［**第10段**］，结论。康德断定:因此**有机物**是哪怕在人们单独看它们而不与其他东西发生关系时，也必然只有作为自然的目的才能被设想的**自然界唯一的存在物**。因此它们首先使一个并非**实践目的**，而是**自然目的**的**目的概念**获得**客观实在性**，并由此为自然科学取得一种**目的论**的根据。［这里从类比的目的性过渡到客观的目的性，因此这一结论非常重要。］

第66节　评判有机物中的内在合目的性的原则

［**第1段**］，这个原则［即内在合目的性的原则］同时也是它的定义:一个自然的有机体产物是这样一种东西，在其中每个部分都是**互为目的和手段**的。在有机物中没有任何东西是无用的，无目的的，或是应被归于某种盲目的自然机械作用的。［这是黑格尔式的客观的**交互作用**。］

［**第2段**］，这条原则虽然可以从经验中提取出来，但由于它所表明的这种合目的性所具有的普遍性与必然性，它就不能仅仅建立在

经验的基础上,而必须有一种先验原则做基础,因此我们可以把上述原则称为评判有机物的**内在合目的性准则**。

[**第3段**],植物和动物解剖学家为了研究植物和动物的结构,就把"在生物中没有任何东西是无用的"这一准则看作是不可避免的和必要的,并使它与"没有任何事情是偶发的"这个一般**自然学说**同样有效。他们不能离开**目的论原理**,就像不能离开**物理学原理**一样,因为离开了物理学原理就不会有一般经验(Erfahrung überhaupt),而离开了目的论就失去了观察某类自然事物的线索,这类事物就是我们在目的论概念下思考过的事物。

[**第4段**],因为这一概念把理性引入了不同于自然机械作用的秩序的另一种事物的秩序中去。这一理念应当作为这种自然产物的可能性基础。但因为这一理念是表象的一种**绝对统一**,而质料则是物的某种**复多性**,这种复多性自身是不能为它们的**组合物**提供**确定的统一**的。所以如果**理念的统一**[即绝对统一]要用作组合物这一**形式的因果性自然法则**的先天规定性根据,那么**自然的目的**就必须涉及自然产物所包含的一切。因为,如果我们一旦把这种结果在整体上与超感性的规定性根据联系起来,那么我们就必须完全按照这条原则来对这种结果进行评价,否则就混淆了**两种不同的原则**[机械原则与理性原则]。

[**第5段**],当然,在动物躯体中有些部分已经固化(如皮肤、骨头、毛发),这是可以做机械性理解的。但是如果找到合适的材料,同时按原样塑造它们,并把它们安装在适当的位置上,这时就必须从目的论角度来评价它们。因此动物体内的一切东西都必须被看作是有机的,其中的一切都在与该动物本身的某种关系中成为其器官。

第 67 节　把一般自然从目的论上评判为目的系统的原则

[第 1 段]，根据第 63 节所谈，河流、山脉、牛马等，没有一样使人们有理由把它们独自看作自然的目的，对于那种外部关系只能假定性地被评判为合目的的。

[第 2 段]，一物就其作为**内在的形式**而将其评判为**自然目的**，是完全不同于将该物的**实存**看作**自然的目的**的。就后者而言，我们需要的不仅是某种**可能的目的**［即单纯形式的目的］概念，而且是自然的**终极目的**的知识，这种终极目的需要的是自然对某种超感性东西的关系，这种关系远远超出了我们的一切目的论的自然知识，因为**自然本身实存的目**的必须超出自然之外去寻找。

[第 3 段]，所以只有物质，如果是有机的，才必然地拥有它作为一种自然目的的概念，因为它的这个**特定形态**（spezifische Form）同时就是自然的产物。但现在这一概念必然指向**总体的自然**作为一个按照目的规则的系统的理念，而这个理念是自然的一切机械作用按理性原则所必须服从的。理性的这一原则只有作为主观的，即作为准则，才被归于这个理念，这就是：世上的一切都是对于某个东西是有益的；世上没有任何东西是无用的；而我们凭借自然在它的有机产物上提供的例证，有理由甚至有责任从自然及其法则中只期待在整体上合目的的东西。

[第 4 段]，很显然，这不是一条对规定性判断力而言的原则，而只是一条对反思性判断力而言的原则，因此它是**调节性的**而不是**构造性的**，而且我们凭借它只是获得了一条线索，来对**自然物**在与一个

已被给予的规定性根据的关系中,按照一种新的合法则秩序来加以考察,并对自然知识按照另一条原则,即**终极因**(**Endursachen**)［即**终极目的因**］的原则,来加以扩展,却不损害自然因果性的机械作用。此外我们凭借这条原则也绝没有表明任何一个根据这条原则来评判的某物,是不是自然的**有意目的**:草是否为牛或羊而存在,而牛或羊以及其他自然物是否为人而存在。可靠的做法是,即便是对我们不喜欢的和在异常关系中违背目的的事物,也要从这一角度来考虑。例如我们可以说:在衣服里、头发里、床铺上折磨人的寄生虫,按照自然的明智安排,就会是对爱干净的一种督促,而爱清洁本身乃是保持健康的一种重要手段。……

［第 5 段］,一旦凭借有机物向我们提供的**自然目的**而对自然所做的目的论评判,使我们有理由得出**自然目的**的**巨大系统的理念**,那么就连**自然美**,即自然界与我们对它的显象进行理解和评判的诸认识能力的**自由游戏**的协调一致,也能够以这种方式被看作是自然界在其整体中、在人是其中**一部分**(**ein Glied**)［参见《马克思 1844 年经济学—哲学手稿》,刘丕坤译,人民出版社 1979 年版,第 49 页］的系统中的客观合目的性。这样就能把自然界看作是一向对我们施有**恩惠**(**Gunst**)[①]的,因此它除了给予我们益处之外,还给予我们如此丰盛的美和魅力,所以我们**热爱**它,而且因为它的无限广大而以**敬重**来看待它,并

---

① 我们在审美部分中说过:我们是以**喜爱**(**Gunst**)来看待美的自然的,因为我们在自然的形式上感到一种完全自由的(非功利的)愉悦。因为在这种单纯的鉴赏判断中,完全没有考虑到这种自然美是因为什么而存在着:其是为引起我们的愉快,或是与我们作为目的没有任何关系。但是在一个目的论的判断里,我们却注意到了这层关系,从而我们就可以把这层关系看作是自然的恩惠,即大自然本来是要通过展示出如此众多的**美的形态**,来促进我们的文化。——康德原注［已重译。］

在这种观赏中自己也感到高尚起来，就像自然原本就完全是在这种意图中搭建并装饰起那五彩缤纷的舞台一样。[这样一来，不仅人而且连同人的美感也成了自然界的一部分，从而属人的自然与作为自然的自然（参见导论Ⅷ，又见第82节）、主观合目的性与客观合目的性、人与自然就统一了起来。弄清这一点审美判断力与目的论判断力的关系就好理解了。康德关于人类应当感激大自然的恩惠，热爱和敬重大自然，与自然和谐相处并维护生态平衡的教导，至今仍有着非常重要的现实意义。]

[第6段]，我们在这一节里要说的不过是，一旦我们在自然那里发现了能够产生出那些只能按终极因概念才能被我们设想的产物的能力，我们就进一步也仍可把那些产物评判为属于一个**目的系统**，哪怕这些产物（或者它们的即使是合目的的关系）恰好使超出那些盲目的作用因的机械作用，而为它们的可能性寻找另外一条原则成为不必要，因为前面那个理念已经在其根据方面把我们引向了对感官世界的超出；因为这种超感性原则的统一[即绝对的统一]必须被看作不仅适用于自然物的某些物种，而且以同样的方式适用于作为系统的自然总体。[这样就突出了**包括人在内的自然整体的理念**，使寻找某种外部原因的原则成为不必要了。]

第68节　目的论原则作为自然科学的内部原则

[第1段]，两种科学原则：**本有原则**与**外来原则**。

[第2段]，每一门科学自身都是一个系统。我们必须把它作为一个独立的大厦按照建筑术来处理。

[第3段]，所以，如果我们为了自然科学而在它的关联中引进上

帝的概念,以便使自然中的合目的性得到解释,然后又用这种合目的性去证明上帝的存在,这样自然科学与神学就都失去了内在的持久性(Bestand),一种欺骗性的循环论证使它们都变得不可靠,使它们自己的界限互相混淆。

[第4段],自然的目的这一表述足以预防这种混淆,而不至于把自然科学以及它为了自己的对象做**目的论**的评判而提供的理由与对上帝的考虑和神学的推导混在一起。

[第5段],可以先天推演出来的、按其可能性无须任何经验参与就能从普遍原则中认出的那些自然性状,尽管带有一种技术的合目的性,但却由于它们是绝对必然的,而完全不能被归入自然目的论[因为它们遵循机械的因果性法则],这是一种解决物理学问题的方法。

[第6段],因此物理学为了坚持自己的界限,而把自然目的是有意还是无意的问题撇在一边。为了不带上丝毫僭妄的嫌疑,好像我们想把某种完全不属于物理学的东西,即超自然的原因,混在我们的知识的根据里似的。而我们的目的论虽然谈到自然,就像在它里面的合目的性是有意的那样,但毕竟是这样谈论的,即我们是把这种意图赋予了自然,即赋予了物质,借此我们想要指明的是,意图这个词在这里只意味着一条反思性判断力的原则,而不是规定性判断力的原则。……因此我们在目的论中,就其被引进物理学而言,完全有权谈论自然的智慧、节约、远虑和仁慈,而不因此就使自然成为某种有理智的存在者(因为那是荒谬的),但我们也不敢把另一个理智的存在者[即上帝]作为一个建筑师置于自然之上,因为这将是胆大妄为的,而只是要借此按照与我们在理性的技术应用中的因果性类比来描述一种自然的因果性,以便把我们必须据以探讨某些自然产物的

规则牢记心中。

[**第7段**]，但为什么目的论通常并不构成理论自然科学的一个特殊部分，而只能作为[科学的]**入门**或**过渡**而被引向神学呢？这是为了使依据于自然**机械作用**的自然研究紧紧抓住那种我们能够使之经受我们的观察或实验的东西，以至于我们能够像自然那样按相似的法则把它们生产出来，因为我们能够完全看透的只是那些我们能够按概念制造和实现出来的东西。但作为自然的**内在目的**的有机体，是无限超出我们通过技艺来做类似表达的一切能力的，至于外在的被视为合目的的那些自然安排（如风、雨等），物理学倒是要研究它们的机械作用。但是它们与目的的关系，就这种关系应当是一种必然属于原因条件而言，是物理学所完全不能想象的，因为这种联结的必然性只与我们的概念的联结有关，而与物的形状毫不相干。

第六章 目的论判断力的辩证论
（简介）

[**提示**] 这里康德按照"纯粹理性批判"设计的模式对目的论判断力所遇到的矛盾进行思辨，于是就有了这种目的论的"辩证论"，即"二律背反"。这里我们加以简单介绍。

第 69 节（略）

第 70 节 这种二律背反的表现

康德指出：只要理性与作为外感官对象的总和的自然界打交道，它所依据的法则就分为**知性本身**先天地给自然制定的法则和通过在经验中出现的经验性规定而扩展到无边无际的法则，前者遵循**规定性原则**，后者遵循**反思性原则**。而判断力在其反思中又从**两个准则**出发：一是知性先天带给它的，二是通过特殊经验引起的。于是就发生了这种事情，即这双重准则看起来似乎不能相互并存，于是辩证论就凸显出来了，它使判断力在其反思的原则中迷失了方向。其表现是。

反思的第一个准则的命题是：物质的东西及其形式，其产生都必须被评判为按单纯机械法则才可能的。[康德称之为"**机械论原则**"（见第80节）]

反思的第二个准则就是反命题：物质自然的有些产物不能被评判为按单纯机械法则才可能的（它们要求一条不同的因果性法则，即终极因法则）。[康德称之为"**目的论原则**"（见第80节）]

但如果我们现在把这些**研究**的**调节性原理**[实为**认识论原理**]转变为**客体本身**[**物自身**]的**构造性原理**[实为**本体论原理**]，那么就会被说成是：

命题：物质的东西的一切产生都是按照单纯机械法则而可能的。

反命题：它们的有些产生按照单纯的机械法则是不可能的。

康德认为，后面这组[正反]命题互相矛盾，必有一假。但这样一来，这虽然是一个二律背反，但却不是判断力的二律背反，而是理性立法中的某种冲突。而理性的这两个原理既不能证明这一个，也不能证明那一个，因为按照自然的单纯经验性法则，那些物的可能性不可能拥有任何先天的规定性原则。

为了解决这种矛盾，康德随后做了准备，他在**第71节**中说，"在本来是物理学的（机械论的）解释方式与目的论的（技术的）解释方式之间的一切表面上的二律背反是建立在这一点上的：我们混淆了反思性判断力原理与规定性判断力原理"。实际上这为解决反思性判断力的二律背反**定下了基调**。

接着他就具体论述了他的解决方案，其中包含许多关于客观目的性的论述。这里他突出强调了他的**人本主义思想**。下面我们摘其要者加以介绍。

第 71 节（略）

第 72 节　关于自然合目的性的各种各样的系统

［第 1 段］，**这样一条原理的正确性**在于：必须按照**终极因**的概念来评判某些自然物（有机物）及其可能性，甚至在我们只为了提供观察来认出它们的性状而要求某种引导，但并不妄想去研究它们的最初起源时，**都从来没有人怀疑过它**。因此疑问只在于：这条原理只是主观有效的，即只是我们判断力的准则，还是一条自然的客观原则，按照这条原则，自然除了其机械作用（按照单纯的运动法则）外，还应该有另外的因果性，即**终极因**，而那些运动法则（诸运动力）只是作为中介物而存在的。

［第 2 段］，现在我们可以让这个思辨的问题或课题完全悬而不决：如果我们满足于在单纯的自然知识内部进行思辨，那么我们有了准则就足以在人类力所能及的范围内去研究自然，并追踪自然的最隐匿的秘密了。所以这很可能是理性的一种猜测，或是自然给我们的暗示，那就是：我们也许会有可能凭那个**终极因的概念**而扩展到超出自然界之外，并把自然界本身与原因系列中的最高点联结起来，如果我们放弃对自然的研究，或至少暂时把它搁置起来，而先来试探一下自然科学中的那个**外来者**，即**自然目的**概念把我们导向的那个**外来者**的话。

［第 3 段］，可现在这里，上面所提的那条无可争议的准则就必然要转入一个能够开展争议的广阔领域的课题中：自然中的**目的联结**

（**Zweckverknüpfung**）是否证明了自然的一种特殊方式的**因果性**；这种目的联结就其自身并按客观原则来看，是否不如说与自然机械作用是一样的，或者是建立在同一基础上的：只是由于**这个基础**对我们在一些自然产品的探究上来说常常是隐藏得太深了，所以我们就借助**一种主观的原则**，即**技艺**的原则，也就是按照理念来实验的因果性原则，以便按照**类比**把这种因果性加给自然，这样的应急措施使我们在许多情况下获得了成功，虽然在一些情况下看起来是失败的，但在一切情况下都不能使我们有权把一种特殊的、与按照自然本身的单纯机械作用的因果性不同的**作用方式**（**Wirkungsart**）引进到自然科学中来。由于我们在自然产物中发现了这种与目的类似的东西而把这种自然的行事方式（因果性）称为**技术**，因而把这种技术分为**有意的技术和无意的技术**。前者应当意味着：自然的生产能力必须按照终极因被看作是一种特殊的因果性；后者应当意味着：这种因果性与自然的机械作用在根本上是一样的，而这种与我们的技艺概念（Kunstbegriffen）及其规则的偶然巧合，作为对这种因果性进行评判的单纯主观条件，被错误地解释成了自然生产的一种特殊方式。

[**第4段**]，如果现在我们谈论就**终极因**来说的种种**自然解释系统**，那么我们必须高度注意的是：它们全都是独断论的，也就是说，它们全都在争论诸物可能性的客观原则，不论这是出于有意起作用的还是无意起作用的原因，而绝不去争论只对这些**合目的的产品**（**zweckmäßigen Produkte**）做判断的主观准则：在后一种情况下，那些各不相同的原则倒还有可能结合起来；而在前一种情况下，那些互相对立的原则却可能互相取消而不能并存。

[**第5段**]，这种系统，就自然技术的考虑而言，即就自然按目的

规则的生产能力而言,是双重的:自然目的的观念论系统,或自然目的的实在论系统。前者主张:自然的一切合目的性都是无意图的;后者主张:自然的有些合目的性(在有机物中)是有意图的。从这里也就有可能引出那被作为假设而被建立起来的结论,即自然技术的产品,同样,与自然整体相关的一切别的产品,也都是有意图的,即都是有**目的**[最高的有理智的存在者的目的即上帝的目的]的。

......

第73、74节(略)

第75节 自然的客观合目的性概念是反思性判断力的一条理性批判的原则(简介)

[**提示**]康德所说的"客观合目的性"中的客观性,是其先验观念论的客观性,因此实际上这种客观性是其所主张的自然的主观性(观念性)基础上的客观性,即主观的客观性。这是我们应该知道的。

[**第1段**],我是说:某种自然物的产生,甚至整个自然的产生,都只有通过某种按意图来规定自己行动的原因,才是可能的;或者:按照我的认识能力的特有性状,我关于那些物的可能性及其产生,不能做任何别的判断,只能为此而设想出一个按照与某种**知性的因果性**的**类比**进行生产的**存在者**,这两种说法毕竟是完全不同的。在前一种情况下,我要确认关于客体的某种东西,并有责任阐明某个设定的概念的客观实在性[这个说明有点类似于范畴的形而上学**演绎**];在后一种

情况下,理性只是适合着我的认识能力的特点来规定这些认识能力的运用,并规定它们的范围及限度的根本条件。所以前一条原则是**规定性判断力**的**客观原理**,第二条原则不过是**反思性判断力**的一条**主观原理**,也就是理性托付给反思性判断力的一条准则[这个说明有点类似于范畴的先验演绎]。

[**第 2 段**],如果我们只想通过持续不断的观察而在自然的有机物中来研究自然,我们也必不可少地需要把一个**意图概念**加给自然;所以这个概念对于我们理性的经验应用来说已经是一个绝对必要的准则了。很明显,一旦这个研究自然的导线被接受下来并被认为得到了证实,我们至少也会把这个设想的**判断力准则**在自然总体上尝试一下,因为按照同一准则还会有一些自然法则被发现,本来它们由于我们对自然的机械作用的内情加以洞观的局限性,而会对我们依然深藏着。在后面的应用中,判断力的这种准则虽然是有用的,但却不是不可缺少的,因为作为有机的整体自然并没有被给予我们。而不过,就那些必须被评判为有意地这样形成而不是那样形成的自然产物而言,即使只为了获得自然的内部性状的经验性知识,那条反思判断力的准则在本质上也是必要的:因为甚至把这些产物当作有机物的那个**想法**,若不是有一种凭意图生产的**想法**与之相联结,也是不可能的。

[**第 4 段**],但现在,即使是最完备的目的论,最终又能证明什么呢? 比如说,它证明了一个**有理智的存在者**是实在的吗? 没有。它能证明的无非是按照我们认识能力的性状,从而在经验与理性的那些最高原则的联结中我们关于这样一个世界的可能性绝不能形成任何概念,除非我们设想这个世界的一个有意起作用的至上原因。因

此我们不能在客观上阐明"有一个有理智的原始存在者"这个命题，而只能**在主观上**为了我们的判断力在其反思中关于自然中的目的的运用才能阐明它，这些目的不能按照任何别的原则，而只能按照一个最高原因的有意的因果性原则来**设想**。

第 76、77 节（略）

第 78 节　物质的一般机械原理与自然的技艺中的目的论原则的结合（简介）

[**提示**]这里康德试图从理性的准则出发最后解决目的论判断力的二律背反。

[**第 1—2 段**]，康德指出，首先，对理性来说，不放弃自然在其产生过程中的机械作用，具有无比重要的意义，因为否则就达不到对**物的本质**(Natur der Dinge)的透彻认识。而另一方面，不忽视自然产品的合目的性原理正是理性的准则，因为这一原理虽然没使这些产品产生的方式令人更加理解，但它仍是研究**自然的特殊法则**的一条富有启发的原理。

[**第 3 段**]，但康德接着指出，在同一自然物上这两条原理作为交叉解释的基本前提是不能联结在一起的，因为一种解释方式排斥另一种解释方式。例如一条蛆虫，就不能一面被看成是物质的单纯机械作用的产物，一面又被看成是按照目的行动的因果作用的产物，反过来也是一样。当然我们可以假定两条原理都建立在**同一基础上**，

但这一基础作为一条原理必然处在那两条原理之外,它必然存在于超感性的东西之中,而关于这个超感性的东西我们目前只能有一个不确定的基本概念[即上帝]。因此结论就是:那两条原理的结合不能建立在为着规定性的判断力而按照给予的法则来对一个产物的可能性加以解释的基础上,而只能建立在为着反思性的判断力而对自然产品的可能性的**探讨**的基础上,因为解释意味着从一条原理出发把相关的结论清晰地引申出来。

[**第7—8段**],康德最后得出结论说:按上面所说,我们可以假设,自然在一切方面把物理的[机械的]法则和目的因的法则作为普遍协调的法则是可能的,只是我们看不出怎么会是这样。我们不知道机械论的解释会走多远,所以我们必须把这种机械论的根据全部都归在目的论的原理之下。因此我们要时刻记住:有些物我们只能在理性的目的概念下提出研究,根据理性的性质,即使有了那种机械论的原因,最后我们也要把这类物置于合目的的因果作用之下。[**康德就这样初步解决了目的论判断力的二律背反。**]

第七章　目的论判断力的方法论(简介)

[**提示**] 这里除了论述自然目的研究的机械论原则与目的论原则的结合以试图最后解决客观的目的论判断力的二律背反外,主要阐述了关于自然的终极目的的人或人类的思想,以最后结束全书,其中最可贵的思想还是**人本主义思想**。

第 79 节　是否必须把目的论当作属于自然学说的来谈论

每一门科学都必须在一切科学的百科全书中有自己的确定位置。现在的问题是,目的论应该占据什么位置? 显然这门科学不是神学的一部分,也不属于自然科学。所以作为**科学的目的论**根本不属于学理,而只属于批判,而且属于一种特殊的认识能力即判断力的批评。但就其包含先天原则而言,它应该拿出一种按**终极因的原则**来判断自然界的方法,这样这种方法论对理论自然科学以及理论自然科学在形而上学中作为神学的入门,至少也具有消极的影响。

第80节 在将一物解释为自然目的使机械论原则
必须从属于目的论原则

[**提示**] 这里康德试图从方法论上解决自然客观目的论所遇到的二律背反,当然这是难以成功的。康德的主要论据是:

着意于对一切自然产物只做机械论方式的解释的那种权限,自身是完全不受限制的。但是单单以此就已够用的那种能力,按照我们的知性就其与作为自然目的之物打交道而言的**本性**(Beschaffenheit),却不仅是极其受限制的,而且也是有明确界限的;也就是说,按照判断力的这样一种原则——仅仅通过前者对后者做出解释程序——是完全不可能有任何收获的,因此对这些产物的评判任何时候都必须由我们使之同时隶属于一条目的论的原则之下。

因此,为了对自然产物做出解释,只要有一定的概率,就紧紧追随自然机械论,这是明智的甚至是可嘉的,即使放弃这种尝试,也不是因为其本身在这条道路上与自然的合目的性会合是不可能的,而仅仅是因为这对我们人来说是不可能的;因为为了这种会合就要求某种不同于感性直观的直观[即理智的直观],以及某种对自然的理智基底的确定知识,甚至从中有可能对显象按照特殊法则的机械作用指出根据,而这完全是超出我们的一切认识能力的。

[康德就是试图用这种方法来最后解决自然客观目的论所遇到的二律背反,可惜这并不是真正的解决,相反他把它推给了理智的直观能力,准确说是推给了上帝。]

第 81 节（略）

第 82 节　在有机物的外在关系中的目的论体系

[第 1—5 段]，康德说：我把外在的合目的性理解为一个自然物充当了另一个自然物的达到目的的手段。有些物，如土壤、空气、水等等也有一种外在的合目的性，即在与其他存在物的关系中的合目的性，但这里所说的其他存在物在任何时候都必须是**有机的存在物**，即自然目的，因为否则那些东西就不能被作为手段来评判了。这样自然就构成了一个**组织起来的整体**。但如果我们通观整个自然界，那么我们在这个**作为自然的自然**中就找不到任何能够要求优先成为创造的终极目的的存在物。如果我们看看植物界，那么我们一开始就会想到把它只是看作在矿物形成过程中表现出的自然机械作用的产物。但进一步我们就会问：这些被造物是为了什么而存在的呢？如果我们回答：是为了以它们为生的动物。那么又会产生一个问题：这些食草动物又是为了什么而存在的呢？也许是为了食肉动物。最终的问题是：这些动物连同上面的各种自然物是为了什么而存在的呢？回答是：为了人类的各种各样的利用。而这种利用是人的知性教给他的；**人就是这个地球上的创造的最后目的**，因为人是地球上唯一能够给自己创造一个目的概念，并能从一大堆合乎目的形成起来的东西中通过自己的理性生成一个目的系统的存在者。

[第 6—9 段]，康德说：当然也可以走一条表面上看相反的路，说：食草动物的存在是为了抑制植物的过度生长，这种过度生长会窒

息许多植物种类；食肉动物是为了给食草动物的贪吃建立限制；最后，人通过追捕和减少食肉动物而使自然的生产能力和毁灭能力之间达到平衡。所以，人不管他如何可以在某种关系中值得作为目的而存在，但在另外的关系中他又可能只具有一个手段的地位。这一证明似乎比前一个证明包含了更多的东西：也就是它不仅证明了人类不可能是自然的最后目的，由于同样理由，地球上的有机自然物也不可能是一个系统。而且还证明了原来被看作是自然目的的自然产物，除了机械作用外也没有任何别的起源。[这样就等于推倒了自然的客观目的论。]

[第10段]，康德的结论：在上述关于有机自然物产生方式的机械论和目的论原则的二律背反的解决中，我们已经看到：因为这些原则对于按照有机自然物的特殊法则而形成的自然界来说，只是些反思性判断力的原则，即它们并没有规定这些有机自然物的起源自身，而只是说，按照我们**知性和理性的本性**只能根据**终极因**来思考这类存在物的起源，所以在尝试对它们做机械的解释方面做最大的努力，甚至要去冒险，就不仅是允许的，而且我们还要被理性召唤去这样做，虽然我们知道，由于我们知性的特殊类型和局限的种种主观理由，我们这样做是永远不够的；并且最终，在[不论是我们之外（宇宙）还是我们之内（灵魂）的]自然的超感性原则中表示自然的可能性的两种方式的一致也许是完全可以存在的，因为按照终极因的这种表象方式只是我们理性应用的一个主观条件，如果它不仅想要了解对作为显象的对象做出评判，而且还要求把这些显象本身连同其诸原则都联系到那超感官的基底上去，以便发现它们的统一的某种法则的话，这种统一只有通过目的（理性也有这些超感性的目的）才能使自

已表现出来。[这样康德就把最终解决二律背反的问题推到理性世界中去了。]

第83节　作为一个目的论系统的自然的最后目的

[第1—4段]，康德指出，我们有充分的理由把人类不仅像一切有机物那样作为自然目的，而且在这个地球上把人类也作为一切其他自然物都与之相关地构成一个目的系统的那个自然的**最后目的**，而按照**理性的原理**（**Grundsätzen der Vernunft**）来加以评判，虽然不是就规定性判断力而言的，但毕竟是就反思性判断力而言的。既然那种通过人类与自然的联结应当作为目的而得到促进的东西必须在**人本身**中发现，那么这种目的或者必须具有这种方式，即**人本身**可以通过大自然的仁慈而得到满足；或者这就是对能够被人利用（外在的和内在的）自然来达到的各种各样目的的适应性和技巧。前一种自然目的将会是**幸福**，后一种目的则将是**人类文化**。……人永远只是自然目的链条上的一个环节……他作为地球上唯一的具有知性，因而具有自己给自己建立任意目的的存在者……[人作为]一个**有理性的存在者**一般地（因而以其自由）对随便什么目的的这种适应性的产生过程，就是**文化**。所以只有**文化**才可以使我们有理由考虑到**人类种族**（**Menschengattung**）而把其归于自然的最后目的。[这样康德就把人类学意义上的人类种族归于自然界的最后目的。]

[第5—6段]，与此同时，康德强烈斥责强加在人类种族身上的**暴力和战争**，呼吁利用"公民社会的整体"和"世界公民的整体"来对付这种暴力和战争；并通过教化、美的艺术、科学的合目的性努力，消

除我们人类身上的粗野性和狂暴性,为人性的发展扫清道路。[这样康德就从调和主义路线("中庸之道")出发,破除了一切非理性的极端主义(宗教的和政治的)、独断主义(教条主义)、绝对主义(黑格尔的绝对唯心论、极权主义、法西斯主义)、恐怖主义(宗教的和政治的,个人的和国家的)和原教旨主义(伊斯兰主义的和马克思主义的)意识形态的统治地位,倡导人不分种族、阶级和信仰,国不分穷富、强弱和大小,要和睦相处,反对暴力,反对战争,为人类的普遍和平、和解和共同发展指明道路。康德的这些思想在今天看来也是非常可贵和值得赞扬的。在这一点上康德也远远超过了黑格尔,因为黑格尔哲学曾被看作是近现代极权主义的理论基础。(参见波普尔的《开放社会及其敌人》)]

第84节　一个世界的存在的终极目的
即创造本身的终极目的

[第1段],定义:"**终极目的**是这样一种目的,它不需要任何别的东西作为它的可能性的条件。"

[第2段],**终极目的与知性**。如果我们把自然的单纯机械作用看作自然合目的性的解释根据,那么我们就不能问:世界上的物是为什么而存在的;因为这样一来按照这样一种理想化的体系所谈的只是物的物理可能性(我们把这种可能性设想为目的只会是无客体的可能性):那么现在我们就要靠偶然性或盲目的必然性来解释物的形式,在这两种情况下上面的问题都会落空。但如果我们把世界中的目的关系看作是实在的,并为其假定一种特殊的因果性,即一种有意地起作用的原因,那么我们就不能停留在主观问题上:世界上的那些物为什么具有这种那种形式,被自然置于与他物的这种那种关系中;

相反,一旦想到某种知性必须被看作像在事物身上被现实地发现的这样一些形式的可能性的原因,那么也就必须在这个知性中询问其客观的根据了,这个根据能够规定这一生产性的知性去得出这种方式的结果,它才是这类物之所以存在的**终极目的**。

[第3段],**终极目的与理念**。我在上面说过:**终极目的**不会是自然界能够造成并按其理念产生出来的目的,因为它是无条件的。这是由于在自然(作为感性存在)中没有那样一种东西,它在自然本身中的规定性根据不会永远又是有条件的;而这不仅适用于外在于我们的自然(物质的自然),而且也适用于我们之内的自然(能思的自然),这可以理解为,我在我之内只考察那本身是自然的东西。但一物,由于其客观的**性质**而应当作为一个有理智的原因的终极目的而必然存在的东西,它必须具有如下的**性质**,即它在目的秩序中不依赖于任何别的条件,而只依赖于它的**理念**。

[第4段],**人与本体的人**。现在,我们在这个世界上只有唯一的一种存在者,其因果性是目的论的,即指向诸目的的,但同时又是这样的**性质**,即其据以为自己规定目的的法则,是被自己表象为无条件的,不依赖于自然条件的,但自身又被表象为必然的。这种**类型**的存在者就是**人**,但却被看作是**作为本体的人**;这是唯一的自然存在者,我们在其身上,从其特有的性质方面,能认出一种超感官的能力(即**自由**),乃至能认出那因果性法则,连同这种因果性的那个能把自己预设为最高目的的客体[世界上的**至善**(höchste Gut)]。

[第5段],**作为道德存在者的人**。现在对于作为一个道德存在者的人(同样,对于世界上任何有理性的存在者),我们就不能再问:他是为了什么而存在。[因为]他的存在就含有最高目的本身,他能

尽其所能使全部自然界都从属于这个最高目的,至少他能坚持不违背这个目的而屈从于任何自然的影响。——既然这个世界的物作为按照其存在来说都是依赖性的存在物,那么就需要一个根据目的来行动的至上原因,所以**人对于创造来说就是终极目的**;因为没有这个终极目的,相互隶属的链条就不会完整地建立起来,而只有在人那里,但也只有在这个仅仅作为**道德主体**[即"**道德存在者**"(见注①)]的人那里,才能找到目的上的无条件立法,因而只有这种立法才使人有能力成为**终极目的**,整个自然都是在目的论上从属于这个**终极目的的**。[**这样,作为道德主体的人本身就被确立为整个自然界的终极目的了。**]

第85—91节,随后,康德就转向了道德神学的领域,这里值得一提的是以下两节(即第85节和第86节),其余就不再涉猎。

第85节　自然神学

康德指出,自然神学是理性要从自然目的(其只能经验性地被认识)中推出自然的至上原因及其属性的尝试。而在康德看来,自然神学无论它可能被推到多远,却不能向我们展示有关创造的终极目的的任何东西。

第86节　伦理神学

康德指出,世界上的所有多种多样的创造物,不管它们有多么宏伟的艺术布局,也不管它们如何多种多样地相互合目的性地关联着,甚至就连它们的被我们不正确地称为诸世界的如此众多体系的那个整体,如果在其中没有人(一般有理性的存在者)的话,就都会是无意义的;也就是说,没有人,这整个创造都将是一片荒漠,是白费的和没有终极目的的。而只有人才能把一种价值赋予自己,并且是在他所做的事中。他不是自然链条的一环,而是以自己的**欲求能力的自由**来行动的那种价值,即唯有一种善良意志才使人的存在具有一种**绝对价值**,并只有与这种善良意志相关时,世界的存在才可能具有一个终极目的。所以人只有作为道德的存在者才可能是创造的一个**终极目的**。[这里充分体现了目的论判断力中的人本主义思想。]

对目的论的总注释(简介)

[提示]这个**总注释具有结论的性质,因此非常重要。**在此加以简单介绍。

[第3—4段],康德指出,从原始存在者的概念中产生了两种形而上学的证明:一种为本体论的证明,一种为宇宙论的证明。这两种证明的诡辩性质已经在《纯粹理性批判》中指出了。

[第5段],但康德认为,以自然概念为基础的证明应当超出作为感官对象的总和的自然的边界,可自然概念却只能是经验性的,因此这种证明不能是别的,而只能是自然目的的证明。自然目的这一概念虽然不可能是先天的,而只能是由经验给予的,但其毕竟预示了这样一种**自然原始根据**的概念,即预示了一个关于最高知性作为世界原因的概念。这种证明是否提供一个最高的或独立不依的世界创造者即上帝的概念,确实至关重要。

[第6段],康德指出,从自然目的论取得的论证是值得尊重的。但这种论证不能满足于理性的提问,因为理性的问题是所有那些有意为之的自然物是为了什么,而人本身,即我们所设想的自然的最后目的的人本身又是为了什么,全部自然界又是为了什么,而什么才是这一伟大的丰富多彩的艺术的终极目的呢?

[第8段],康德总结出了一个结论:现在,在现实世界中,对住在它里面的有理性的存在者来说,自然目的论方面有丰富的材料(这种情况正好不是必然的),有助于对道德上的论证做出所希望的证实,只要自然界能够提供某种理性理念(道德理念)的类似物。因为一个具有知性的**至上原因的概念**由此就获得了对反思判断力来说是充分的实在性,但这个概念并非是建立在它之上的道德证明所需要的;而道德的证明也不能用来补充自然目的论的证明,[因为]自然目的论的证明根本不能通过按照一条唯一的原则的连续推论而指向道德。[所以]像自然和自由的两条如此不同性质的原则,只能表现出两种各不相同的证明方式,因为想从自然出发来引出道德证明的企图对于要被证明的东西来说,将被发现是不充分的。

[第10段],关于原始存在者的假设。康德指出:虽然你得不到任何确定的、适合于神学的原始存在者的概念,但是我们可以假定这样一个存在者,假定在一个**唯一的世界原因**中包含**一切完善性**,因为**理性**在理论上和实践上都能很容易地与一条如此确定的原则融洽相处。[这样,**完善性概念**就只是一个永远不能实现的**道德理想**而已,这里暴露了我们**人性的致命弱点**。]

[**短评**]康德的目的论判断力批判与他的审美判断力批判看似有

些脱节,以致有的美学史专著(如朱光潜先生的《西方美学史》)竟把它完全忽略了,这是不恰当的。这里至少有以下几点应该引起重视:

首先,没有目的论判断力,审美判断力就是跛脚的,二者互相依存的辩证关系,我们在适当的地方已经进行了论证。

其次,康德强调目的论判断力批判,表明他向经验论乃至唯物论的妥协,这对于避免美学研究中的意识形态偏见是有益的。

最后,康德在目的论判断力批判中突出了有理性、有情感、有德行的人是自然界的终极目的,强调了人类应当感激大自然的恩惠,热爱和敬重大自然,这是有着重要的现实意义的,是无论怎样赞扬都不为过的。

附录　康德的三批判书（简介）

　　众所周知,康德经过二十几年的艰辛历程,最后以"三批判书"的完成为标志建成了一个庞大的批判哲学体系。康德的第一批判书《纯粹理性批判》从1770年起,经过11年的沉思,最后仅用四五个月的时间,在1780年年底仓促写成,并于1881年出版。康德的初衷只是对"纯粹理性"做一般性的研究,当时他虽然按照"纯粹理性的建筑术"规划了形而上学体系,区分了**自然形而上学**与**道德形而上学**,但还没有把**"理论理性"**与**"实践理性"**区别开来,因此他还没有写作《实践理性批判》的计划,更没有写作《判断力批判》的打算。但紧接着康德就进入了一个疯狂的理论思辨和理论创作的时期。遂于1788年出版了第二批判书《实践理性批判》,接着又于1790年出版了第三批判书《判断力批判》。至此关于理论理性("真")、实践理性("善")、反思性判断力("美")的三批判书大功告成了。现在摆在我们面前的是康德的**先验美学**专著《判断力批判》,为了把握其艰深的思想内容,我们应当对康德的批判哲学体系有个初步的了解(三批判书的译文主要依照邓晓芒的译本)。

一、《纯粹理性批判》

欧洲近代哲学从一开始,就在知识观(即认识论)上产生了根本分歧,并由此分成了两大流派:**经验论**与**唯理论**。经验论主张一切知识都来源于经验,其代表人物是英国的培根、洛克和休谟等人。唯理论主张一切真实的知识都来源于理性,其代表人物是法国的笛卡儿和德国的莱布尼茨等人。

康德对上述两派哲学家的贡献都给予了充分的肯定,但并不赞成两派学说各自的基本观点。于是他就试图把两派的观点调和起来,这就是他的先验论、二元论与不可知论。康德把自己的哲学叫作"**先验哲学**",将其看作是关于对象的知识方式或知识形式的知识体系。在康德那里有三种知识以及与之相适应的三种先天的知识方式(或知识形式),这就是:1. 数学知识,其知识形式是纯粹直观即**先验的空间与时间**;2. 自然科学(主要是物理学)知识,其知识形式是纯粹知性概念即**先验的范畴**;3. 形而上学知识,其知识形式是纯粹理性概念即**先验的理念**。他认为这三种知识方式或知识形式分别来自于纯粹感性(纯粹直观)、纯粹知性和纯粹理性,是"先天可能的",因此他的哲学就叫作"**先验哲学**"。康德的先验哲学的核心思想是他的"**先验的唯心论**"或"**形式的唯心论**"(实为主观唯心主义的**形式本体论**、**形式决定论**),而所谓的"先验的唯心论",按照康德先后给出的定义可以概括为:**一切可能经验的对象**,无非都是些"**显象**"(其总和就是**自然界**),而这些显象又仅仅是我们心中的一些"**表象**"(即"**观念**")而已。

康德认为,一切"**理论科学**"(包括数学、自然科学与形而上学)的基本知识形式都是带有严格普遍性和绝对必然性的所谓的"**先天综合判断**"，因此他的**理论理性**或**认识理论**（**认识论**）的基本课题，就是"**先天综合判断如何可能**"的问题。而为了指明什么是"先天综合判断"，他对知识的判断形式做出了"双重分类"。一是他把判断按知识来源区分为"先天知识"即"先天判断"与"经验性知识"即"经验性判断"两种。他的一个**最基本的**假设是：**先天判断**来源于人类的**先天认识能力**（**包括先天的感性、知性和理性**），因此带有**严格的普遍性**与**绝对的必然性**，如"两点间的直线为最短"之类的几何学命题、"在物质世界的一切变化中物质的量保持不变"之类的自然科学命题、"世界必然有一个最初的开端"之类的形而上学命题，以及"一切变化必有一原因"之类的常识性命题等等；而**经验性判断**则来源于后天的**经验**，因此只带有相对的普遍性与必然性，如"一切物体都有重量"、"太阳明天会升起来"等等。二是他又把判断，按主谓词关系区分为"**分析判断**"与"**综合判断**"两种。在他看来，在分析判断中，谓词的内容包含在主词的概念之中，对主词的内容无所增添，如"一切物体都有广延"；在综合判断中，谓词的内容不包含在主词的概念之中，对主词的内容有所扩展，如"一切物体都有重量"。他认为，一切分析判断都是先天判断，即必为"先天的"分析判断；而一切经验性判断必为综合判断，即必为"后天的"综合判断。所谓的"**先天综合判断**"，就是把先天的分析判断与经验性综合判断各自的优点结合起来，而形成的一种既具有严格普遍性和绝对必然性又具有新知识内容的判断形式，如"一切发生的事情都有其原因"等等。他认为，上面所列出的一切**理论科学**都含有这种先天综合判断作为其基本原理。于是他就进而把"先天综合判断如何可能"的问题归结为"纯数学如何可能"、

"纯自然科学如何可能"、"作为自然倾向的形而上学如何可能"和"作为科学的形而上学如何可能"这样四个具体问题。

康德以他的先验唯心论和先天综合判断理论为基础,建立了一个庞大的理论理性即科学认识论体系,包括以下三个环节。

1. 感性论,即显象论

康德认为,人类拥有三种基本的认识(或知识)能力,这就是**感性、知性和理性**。他认为:"我们的一切知识从感官[感性]开始,然后进到知性,而终止于理性。"而与这三种认识能力相对应的则是知识的"**三要素**",即**直观、概念**和**理念**。这就是说,他把人类的认识活动看成是从感性到知性再到理性的上升过程。反过来,他把感性(直观)看成是知性(概念)的对象,而把知性(概念)看成是理性(理念)的对象。这些认识能力与其对象的关系则是:通过感性"对象被给予我们",并由此而产生**直观**;通过知性"对象被我们思维",并由此而产生**概念**;通过理性对象被我们"玄想",并由此而产生**理念**。

康德还称感性和知性[广义的知性包括理性]是人类知识(认识)的"**两大枝干**",它们"可能来自于一个共同的但却不为我们所知的**总根**"。而这个共同的"总根"其实就是康德所说的"不可知"的"先验的主体"或"本源的统觉"。

下面就是康德的**感性论**,即**显象论**。

康德称:"我们的一切知识都是从**经验**开始的",经验即**知觉**或**感性知识**。经验或感性知识的对象则是**显象**,其总和就是**自然界**。在他看来,显象首先在感性中被给予我们,而感性则是"心灵在被激动(即刺激)时接受表象的能力(感受力)"。康德说:"在显象中与感觉相应的东西,我称之为**显象的质料**;而规定显象中的杂多使其在某种关系中被整理的东西,我称之为**显象的形式**。"他认为,显象的质料,即**感觉**,后天地来源于对象[这里是物自身]对**感官**的激动,从而使显象具有不可入性、坚硬、颜色等性质;而显象的形式,即**空间与时间**,先天地存在于我们的感性能力之中,从而使显象具有形状、大小、同时、相继等性质。而**感官**又分为"**外感官**"[包括视觉、听觉、触觉、味觉、嗅觉]与"**内感官**"[即心灵或心]。在外感官中,心灵被外部对象所激动;在内感官中,心灵被其自身所激动。与外感官相应的显象的形式是**空间**,与内感官相应的显象的形式是**时间**。康德自以为他的先验的空间形式与时间形式的理论的提出,使数学中的先天综合判断成为可能,因此就初步解决了"纯数学如何可能"的问题。

2. **知性论**,即**概念论**

康德认为,为了认识作为认识对象的**显象**,不仅需要感性,而且还需要知性。而知性与感性不同,它是心灵的一种"思维能力",也就是"**心灵由自身产生表象**(主要指概念)**的能力,即认识的自发性**"。如果说在感性中有"对象被给予我们",那么在知性中则有"对象被我们思维"。康德认为:"感官之所司是直观,知性之所司是思维。""没有内容[直观]的思维[概念]是空虚的,没有概念的直观是盲目的。""知性不能直观,而感官[即感性]不能思维,只有二者的结合才能产生**知识**。"康德称真正的"知识"为"**知性知识**",它包含着**知性的形式**(即概念)和**感性的内容**(即直观)两个方面。他认为,由知性产生的知识形式,就是概念。像直观一样,概念也是一种表象,但概念却与直观不同。他说:"直观直接地与对象相关并总是单一的,而概念则借助于一些事物所共有的标志[指名称]间接地与对象相关。"而概念又分为**经验性概念**和**纯粹概念**(即纯粹知性概念或范畴)两种。康德又认为,知性(即统觉)一般说来是一种"下判断的能力",而一切判断都是诸表象间的一种"统一的功能"。而这种统一的功能又分为两种,即统觉的"**分析的统一**"与统觉的"**综合的统一**"。前者就是知性(或统觉)"通过分析把各种不同的表象带到一个概念之下",而这种概念就是"**一般的经验性概念**",如盘、犬、物体、运动、重量、可分性等。按康德的说法,这种分析的统一原本属于普通逻辑的范围。而后者就是知性"把被给予的表象的**杂多**联结在一个意识中"。综合的统一又分为经验性的综合统一与先天的或纯粹的综合统一,前者依靠经验性概念,不属于先验逻辑的范围;而后者则依靠先天概念,即纯粹知性概念或范畴,属于先验逻辑的范围。而**纯粹知性概念**或**范畴**则是知性本身所固有的"先天概念",其本身并非是知识,而只是使被给予的感性直观成为知识的"思维形式",是经验或经验性知识之所以可能的"先天条件",因此是作为先天的综合统一的工具或前提而出现的,执行着先天的综合统一的功能。它们虽然直接地指向纯粹直观,但归根结底还是指向**感性直观(经验性直观)**,是"唯一能使感性直观中的杂多聚结到一个意识中的条件"。因此,我们的**知性**只有通过纯粹知性概念或范畴才能给感性直观中的杂多以先天的综合统一,而这种统一的"最高点"或"最高原理"则是"**统觉的本源的综合统一**"。例如"一切发生的事物都有其原因"这一判断,就是知性运用先天的综合方法,把发生的各类事情的表象带到"**因果性**"范畴之下,以构成"真正意义上的知识"或"知性知识"。

为了证明纯粹知性概念(范畴)的先天性与客观有效性,康德还开辟专章进行所谓的"演绎",这就是形而上学演绎与先验的演绎。例如,康德依据形式逻辑的四类共十二种判断功能,推演出四类共十二个纯粹知性概念，即（1）**量**（单一性、多数性、总体性）；（2）**质**（实在性、否定性、限定性）；（3）**关系**（实体、原因、协同）；（4）**模态**（可能性、存在性、必然性）。这就是形而上学演绎。康德还认为，范畴的唯一使命是执行知性的先天的综合统一功能，使显象在纯粹知性概念中聚结起来，即先天地为自然界（显象的总和）立法（即确立法则）以构成先天综合知识。为此康德不厌其烦地进行了反复的论证，这就是"**先验演绎**"。比如我们做这样一个知性的判断："太阳晒石头，石头热了。"在康德看来，这是一组"**知觉判断**"，只有**主观有效性**。因为这组判断仅仅来源于感官的经验，其只说出了一组主观的经验性事实，但这里并不含有必然性（更不用说普遍性），不管我们的知觉重复多少次。但是如果我们做这样一个判断："太阳晒热了石头。"那么情况就不同了。这时，所谓的"知觉判断"就上升为"**经验判断**"，从而具有了**客观有效性**。其原因是这后一个判断实际上表达了这样的意思："石头之所以热，**是因为**太阳晒。"所以"太阳晒"这个事实就同"石头热"这个事实通过因果关系必然地联结起来了。因此实际上，这后一个判断已经隐含了"一切发生的事情都有其原因"这一先天综合判断，也就是说，我们已经把因果性范畴附加到经验性的事实中去了。所以这后一判断就变得**必然普遍有效了**，即具有了**客观有效性**。

康德进而以其所列的四组范畴为依据而提出了"纯粹知性的原理"。即（1）直观的公理，其原理是：一切直观都是外延的量。（2）知觉的预测，其原理是：在一切显象中，作为一个感觉对象的实在者都具有内包之量，即具有一个度。（3）经验的类比，其原理是：经验只有借助于关于知觉的必然联结的表象才是可能的。这个原理又包括三个更具体的原理：①实体的恒久性原理——在显象的一切变化中实体是恒久的,它在自然中的量既不增加也不减少;②按因果性法则的时间相继性原理——一切变化都按因果联系的法则发生;③按照相互作用或协同性的法则同时存在[同在]的原理——一切实体,由于它们能够在空间中作为同时存在的东西被知觉到,而处在全面的相互作用中。(4)一般经验性思维的公设,其原理有三个:①凡是(就直观与概念而言)与经验的形式条件相符合的东西,就是可能的;②凡是与经验的质料条件(感觉)相连接的东西,就是现实的;③凡是与现实的东西的连接,按照经验的普遍条件而被规定的东西,就是(在存在上)必然的。

康德把上述四大类"纯粹知性原理"中的前两类原理称作是数学性原理,其根据是量与质的范畴;把后两类原理称作是力学性原理,其根据是关系与模态的范畴。他认为这些原理包括了全部的先天综合原理。这就是知性通过判断力为自然界所立之法(或法则),康德自以为,正是先验的范畴和先验的原理(包括图式)的提出,不仅解决了"纯自然科学如何可能"的问题,而且也最终解决了"纯数学如何可能"的问题。

3. 理性论,即理念论与幻象论

康德称理性是知识的最高能力,而理性的概念为**理念**,而理念又不过是一种**幻象**。而幻象(包括先验幻象与逻辑幻象)是纯粹理性或理性自身的产物。而理性任何时候都不与对象直接相关,只与知性相关,目的在于给知性知识以"**绝对的统一**"或"**系统的统一**",这正是纯粹理性的"积极意义"之所在。

首先是**先验幻象论**。康德认为理性是"提供原理的能力",即"按照原理保持知性规则的统一的能力",并且是最高的认识能力。他说:"在理性之上我们再没有什么能够加工直观的质料而使其归于思维的最高统一之下的能力了。"在康德看来,理性与知性是不同的。如果说知性的功能是借助于**纯粹知性概念**给感性直观以"综合统一",那么理性的功能就是借助于**理念**给知性规则或纯粹知性概念以"理性的统一",即"无条件的综合统一"、"绝对的统一"、"系统的统一",因此理念是从范畴"转变"而来的,不过是"扩展到无条件者的范畴"而已,是"纯粹理性"的产物。他提出,纯粹理性的"**最高原则**"是:"如果受条件限制者被给予,那么相互从属的诸条件的整个系列,即无条件者自身也一同被给予。"这是康德哲学的另一个**最基本的假设**。于是他又提出,如果说在知性中对象(显象)被我们思维,而成为"经验的对象",那么在理性中,对象(本体)则被我们所"玄想",而成为"超验的对象"、"直悟的对象"或"理智直观的对象"等等。正像知性执行自己的综合统一功能需要范畴一样,理性执行自己的绝对的或系统的统一功能,则需要理念。

　　正像根据形式逻辑的四类判断功能推演出四类范畴一样,康德又根据形式逻辑的三种三段推理功能推导出作为"无条件者"的三种理念,即灵魂、宇宙(世界)和上帝,这就是"**先验的幻象**",它们都是旧形而上学的研究对象:1.关于"思维主体的绝对(无条件)统一"的理念,即灵魂(不死);2.关于"显象的诸条件系列的绝对的统一"的理念,即宇宙或世界(自由);3.关于"一切一般思维对象的条件的绝对统一"的理念,即上帝(存在)。它们都是"想象的理念对象",是**本体**,实际就是**物自身**。康德认为,理念与范畴不同,具有以下三个基本特点:第一,理念是关于一切经验性知识条件的"绝对统一"和"绝对全体"的纯粹理性概念;第二,理念来源于"理性自身的本性",来自于"推理";第三,理念"超越一切经验的界限","在经验中没有任何对象同它相符合"。由此得出的结论是:理念虽然来源于"理性的本性",但由于它企图完全超越经验,去把握不受条件限制的绝对全体,因此它就成为"或然性的概念",并由此而产生了"不可避免的幻象"。理念虽然是从理性的本性中主观地"推导"出来的,但是它却"玄想"着直接地为知性概念,间接地为感性直观,提供"绝对的统一"或"系统的统一"。

其次是**先验辩证论**,即**逻辑幻象**。康德认为,理性从理念出发"玄想"着通过逻辑推理赋予理念以客观实在性(即客观有效性),于是就有了与三种理念相对应的三种**辩证推理**,即三种"逻辑的幻象",它们包括:(1)关于灵魂的"**谬误推理**";(2)关于宇宙(世界)的"**二律背反**";(3)关于上帝的"**理想**"。为了揭露这种逻辑幻象,康德对三种辩证推理进行了批判,即(1)对灵魂的"谬误推理"的批判;(2)对宇宙四组"二律背反"的批判;(3)对上帝"理想"的批判。

康德认为,对逻辑规则缺乏重视,一当指出来就可以消除。因此他对先验辩证论的分析批判,就一并解决了"作为自然倾向的形而上学如何可能"和"作为科学的形而上学如何可能"的问题。他的实际结论是:作为自然倾向的形而上学在"主观"上(即在"先验的根据"上)不仅是可能的、不可避免的,而且实际上已经存在过;而作为科学的形而上学在客观上(即在经验性应用上)则是不可能的,当然也不曾存在过。不过康德又认为,这些结论只是指向过去,而真正科学的形而上学还有待于建立,其条件就是他对纯粹理性所做的"批判"。用他的话来说就是:"世界上无论什么时候都要有形而上学",但是"形而上学直到现在还从未作为科学而存在过",因此我们"首先必须完全在批判中培育出它的幼芽来"。

但应当说,康德的理论理性体系是充满自我矛盾的,例如:

第一,从物自身(或本体)的假设来看,物自身一方面被看成是显象的基础和原因,一方面又被看成是直悟的对象或玄想的对象,其从内容上看是同一个东西,因此是自相矛盾的。

第二,从认识(或知识)与其对象的关系来看,在感性论中,康德一面声称显象是直观的对象,另一方面又声称显象不过是感性的表象,即不过是直观,这样,直观和直观的对象,实际上就成了同一个东西,这是自相矛盾的。

第三,从灵魂与心灵的关系来看,康德把灵魂看作是内感显象的基础,看作是不可知的,同时又把心灵看作是内感官的器官,看作是认识的主体,而两者又常常被混用,这也是自相矛盾的。

总之,这些自我矛盾都是他的先验论、二元论和不可知论造成的。

二、《实践理性批判》

康德在《纯粹理性批判》一书中提出了建立科学形而上学的任务。在他看来,科学形而上学应当包括两个有机组成部分:**自然形而上学**与**道德形而上学**。为此他首先在 1781 年出版了《纯粹理性批判》,接着又于 1788 年出版了《实践理性批判》,目的是为道德形而上学的建立扫清障碍。在康德看来:**理性**是人类"最高的认识能力",他给理性下定义说:"理性是向我们提供先天知识原理的能力",而纯粹理性则是"绝对先天地认知某物的原理的理性"。而**纯粹理性**又包括

纯粹的理论理性和**纯粹的实践理性**,前者为**自然界立法**,这就是**自然法则**,主要是**因果性法则**,体现在《纯粹理性批判》所讲的"纯粹知性原理"中;后者为**自由意志立法**,这就是**道德法则**或**自由法则**,体现在"纯粹实践理性原理"中,因为纯粹实践理性原理的基本概念已经在《纯粹理性批判》方法论《纯粹理性法规》一节中提出来了,所以这本书就不必使用"纯粹的实践理性批判"的名字,而简单地用了"实践理性批判"的书名。下面我们看看《实践理性批判》一书的主要内容。

1. 纯粹实践理性的原理

首先是**一般性定义**。

康德认为:**实践原理**是包含**意志**的一般规定的一些命题,这种规定在自身之下包含更多的**实践的规则**。如果主体(人)以为这种条件(即原理和规则)只对他个人的意志有效,那么这些原理就是主观的,这就是[**行为**]**准则**;而如果主体认识到这种条件是客观的,即对每一个理性存在者(人)的意志都有效,那么这些原理就是客观的,这就是**实践的法则**(即**道德法则**)。

康德解释说:如果我们认定纯粹理性在其自身中就包含一个实践的、足已**规定意志**的根据,那么这就是**实践法则**;否则一切实践原理都将是单纯的**准则**。例如受辱必报可以作为一个人的行为准则,但如果他把这一准则当作每一个理性存在者的意志规则(即道德法则),那么他就自相矛盾了。康德解释说,在**自然知识**中一切发生的**事件**的原则同时就是**自然法则**,因为在那里理性的应用是理论应用,是由客体(自然界)的性状规定的。而在**实践知识**中,即在只涉及到人的意志的**规定性根据**的知识中,人为自己所立的原理并不就是自己必须服从的法则,因为理性在实践应用中处理的只是与**主体(人)**

相关,即只与**主体**的**欲求能力**相关,而由原理所确立的**规则**会取决于欲求能力的特殊性状,所以带有个人色彩。但实践规则始终是理性的产物,因为这种**规则**指定作为**手段**的**行为**以达到作为**目的**的**结果**。但是对于**不完全**以理性为**意志的唯一规定性根据**的人来说,这种规则就是一个**命令**,它表达了对行为的客观强制性的**应当**,这种应当是指:如果是理性完全规定意志,那么他的行为就不可避免地按照这个规则发生。这时命令就是客观有效的,与作为**主观原理**的准则完全不同。但命令的执行有两种情况:一是单单就一个结果和足以达到这一结果的充分性而言,规定作为现实化原因的理性存在者(即现实的人)的因果性条件;二是它只规定意志本身,而不问其是否能够达到这个结果。**前者**是**假言命令**,仅仅包含着**技巧性的规范**,是有条件的;而**后者**是**定言命令**(即绝对命令),是无条件的,是唯一的**实践法则**。所以准则虽然是一些**原理**,但不是**命令**。康德认为一切命令都有必然性,但**假言命令**则带有**主观的必然性**,而**定言命令**是理性的立法,它必须只以自身为先决条件,因此才是**客观必然**有效的。

这里康德要求人们注意**原理**、**规则**、**准则**、**法则**、**应当**、**命令**等这些基本概念,并在此基础上他提出了一系列定理(原理)和任务。

(1)**定理一**:"凡是把欲求能力的**客体**(质料)预设为意志的**规定性根据的实践原则**,全都是**经验性的**,并且不能充当任何**实践法则**。"这是一条否定性的定理。

康德解释说:"所谓欲求能力的**质料**,我是指其现实性是为人所欲求的对象。"他指出,如果对这个对象的欲望先行于实践规则,并且其是使这种规则成为原则的条件,那么就应当说:**第一**,这条原则始终是经验的,因为在这种情况下,意愿的规定性根据就是**客体的表**

象。**这样一来**意愿（欲求）对主体的这种关系就是由对象的**现实性**（即感性化、情感化）[即感性对象]所引起的愉快或不快。这样我们就必须设定这种愉快或不快是规定意愿的可能性条件。**第二**，一个以愉快与不快的主观条件为基础的**原则**虽然能够成为接受性的主体的**准则**，但不能成为这个主体自身的法则，所以这样的原则决不能给出实践法则。

（2）**定理二**："一切质料的实践原则本身都是同一种类，并且从属于**自爱**或**个人幸福**的普遍原则。"这是定理一的展开。

康德解释说，由事物的实存的表象[即感性直观]而引起的愉快是以主体的接受性为基础的，因为它依赖于对象的**存有**（实存），从而属于感觉（情感），而不属于知性，因为知性依照概念来表达表象与一个**客体**的关系[这是第一批判已经说清了的]，而不是依照情感（感觉或直观）来表达表象与**主体**的关系[因为知性并不牵涉情感与主体的关系，那是感性（即内感）的事情]。

于是结论就是：只有在主体**期待**于对象现实性[即期待于对象的实存或实际存在]的那种愉悦感规定欲求能力的范围内，这种愉快才是实践[属于实践或行为范畴]的。但是一个理性存在者关于贯穿他整个存有的人生愉悦的意识就是**幸福**[这是幸福的定义]，而使幸福成为意愿的最高规定性根据的原则就是**自爱原则**。所以一切质料原则既然把意愿的规定性根据置于从任何一个对象的现实性那里感受到的愉快与不快之中，又在它们一并属于自爱原则或个人幸福的范围内，那么就都属于同一类别（即同属于感性的原则）。

（3）**定理三**："如果一个**理性存在者**应当将他的[**行为**]准则思想为普遍的实践法则，那么他只能把这些准则思想为这样一种原则，其不是依照质料而是**依照形式**而包含着**意志**的**规定性根据**。"这是一条正面论述的实践法则。

康德解释:**实践原则**的质料是意志的对象,而这种对象就有两种可能:它或者是意志的规定性根据,或者不是。如果它是,那么意志的规则就会依附于经验条件(即其规定作用的表象与愉快和不快的情感相关联),这样实践原则中含有的意志规则就不是一条**实践法则**。但是如果我们抽去了**法则**(即原则)中的全部质料,即意志的每一个对象(作为意志的主观规定性根据),那么其中就剩下了**普遍立法的单纯形式**。于是一个理性存在者就有两种选择:或者完全不把他的**主观的实践原则**,即**准则**,同时思想为普遍法则;或者他必须认定,这种主观的实践原则(准则)据以使自己适应于普遍立法的那个**单纯形式**,就可以使主观的实践原则**自为地**成为**实践法则**。(这里**实践原则**被区分为**质料与形式**两方面,前者成为主观的**行为准则**,后者成为客观的**实践法则**。)按下面的注释所说的:"实践法则必须具有普遍立法的资格",并且"这是一个同一性命题,因而是自明的"。

这里康德的基本观点就是:当人们认定自己的行为准则适应于普遍立法的**单纯形式**时,他们的行为准则就会自觉地提升为实践法则,而最后达到**至善**的境界。这就是康德道德观中的**先验形式决定论**即先验**形式唯心论**,以这种理论来规范人们的**道德行为**当然是苍白无力的,但其积极意义在于强调了道德主体(人)的自由意志的**自觉能动性**。

(4)**任务一**:"[既然]设定了唯有准则的**单纯立法形式**才是意志的**充分规定性根据**,那么就试试发现[即推出]那只有通过它[实践法则]才能规定**意志的性状**。"

康德论述说:因为法则的单纯形式只能由理性来表象[表现、表达],所以它不是感性的对象,也不属于显象。因此这种作为单纯形式的意志规定性根据[实践法则]之表象就区别于自然界中按因果性法则所发生的事件的所有规定性根据,因为它们属于显象的范围。但是如果除了那个普遍的立法形式外,并没有其他意志的规定性根据,用作**意志的法则**,那么这样一个意志就必须被思想为完全独立于显象的自然法则或机械的因果性法则。这种意志法则的独立性,从其先验意义上说就是**自由**。而一个只有行为准则的单纯立法形式能被用作其法则的意志[即意志法则]时,那样的意志就是**自由意志**。这样康德就推出了自由和自由意志。当然这是一种以他的**先验形式唯心论**和**先验形式决定论**为基础的**先验的推论**。

(5)**任务二**:"既然设定了一个意志是自由的,那么就试试发现唯一适宜于必然规定它的那个法则。"

康德论述说:因为实践法则的**内容**[即质料],即[行为]准则的**客体**,决不能以经验之外的方式被给予,但自由意志必须既独立于经验条件,又是可以规定的,所以一个**自由意志**就必须既独立于实践法则的**质料**,又在法则之中觅得其规定性根据。而在一条法则里除了它的质料外,还包含着它的**立法形式**。[可见不仅行为准则,就是实践法则本身也包含质料和形式两个方面]。因此这个**立法形式**,就其包含在准则之中而言,是**唯一**能够构成意志的规定性根据的东西,而这就是**实践法则**或道德法则。

最后康德提出了他的"**纯粹实践理性的基本法则**",即"要这样行动,使你的意志准则任何时候都能同时被看作一个普遍的立法原则"。这样在康德看来,纯粹的实践法则就作为纯粹实践理性的基本法则确立起来了，其实它不过是一个先验的假设而已。

（6）**定理四**："**意志自律**是一切道德律以及与之相符合的义务的独一无二的原则；与此相反，意愿的一切**他律**非但没有建立任何责任，反而与**责任的原则**，与**意志的德行**正相反对。"

接着康德论述说：**德行**的唯一原则就在于它对于法则的一切质料（即欲求的客体）的**独立性**，同时还在于通过一个准则必定具有的单纯的**普遍立法形式**来规定意愿。但是前者所说的独立性，是**消极意义上的自由**，而后者所指则是纯粹的实践理性的**自己立法**[即自我立法]，这种立法是**积极意义上的自由**。而**道德法则**无非是表达了纯粹实践理性的自律，即**自由的自律**，这种自律本身就是一切准则的**形式条件**，唯有在这一条件下，一切准则才能与最高的实践法则相一致。因此愿望的质料如果进入了实践法则，并作为实践法则的可能性条件，那么从中就会产生出依从于某种冲动或爱好的**意愿的他律**，即对自然法则的依赖。在这种情况下，准则决不能在自身中包含普遍的立法形式，这与纯粹实践理性的原则，从而也与德行意向正相反对。这是康德理论的**核心定理**，也是康德道德学说的核心思想，关涉到**意志自律**和**意志自由**，是理解康德道德形而上学的关键。

2. **纯粹实践理性的对象概念**

康德下定义说："我所谓的实践理性的**对象概念**，是指作为自由所导致的可能结果的客体之表象。"因此其成为实践认识的一个主要的对象，这也只意味着**意志**对**行为**的关联，通过这种关联一个对象或者它的对立面得以现实地造成，并且**判断**某物是不是一个纯粹实践理性的对象，也只在于区别我们是否希望有那样一种行为，如果我们具备相关的能力（这要由自己的经验去**判断**），某个客体[例如升官或发财、享乐或施舍]就会成为现实。而如果客体被当作我们欲求能力的规定性根据,那么在判断这一客体是否是实践理性的一个对象之前,这个客体通过我们自由地应用我们的能力而具有的自然可能性,就必须先行具备[因为如果不先行具备这种可能性,这个客体就不能成为纯粹的实践理性的对象]。而反过来,如果先天的法则能够被看作是行为的规定性根据,从而这个行为也被看作是由**纯粹的实践理性**规定的,那么判断某物是否是纯粹实践理性的对象,就不必比较我们的自然能力了。于是问题就是:在我们力所能及的范围内,我们是否可以指望一种指向某一客体的实存的行为,因此这行为的道德可能性表象就要先行,这样就不是对象(客体)而是意志(自由意志)的法则才是行为的规定性根据。结论就是:实践理性的唯一客体就是**善**与**恶**,人们把前者理解为欲求能力的必然对象,把后者理解为憎恶能力的必然对象。

关于**福**与**祸**的概念。康德说,福与祸永远只意味着与我们的愉悦或不悦、快乐或痛苦这类心理状态的关系,而如果我们因此就欲求或厌恶一个客体,那么这种事就只能在这个客体与我们的感性以及由客体所引起的愉快或不快的情感相关联时才会发生。而**善**与**恶**任何时候都意味着它们与意志的关系,只要这种意志按**理性法则的规定**促使某物成为它的客体。**意志**永远也不会由客体及其表象直接规定,相反它是一种使**理性规则**成为自己**行为动机的能力**(正是这种能力使客体成为现实)。所以,善或恶在根本上是与行为,而不是与个人感受相联系的。因此,如果某种东西应当是或应当被看作是绝对(无条件)善的或恶的,那么这种东西就只是一种**行为方式**,即**意志准则**,因而是作为善人或恶人的行为者本人[的**本性**],而不是任何一种可以称作善的或恶的事物。

接着关于**幸福**的概念。康德指出,在我们**实践理性的评判**中我们的**福**与**苦**诚然关系重大,并且我们作为感性存在者的本性,一切都取决于我们的**幸福**,而这种幸福按理性的要求,不是根据转瞬即逝的感受,而是根据这种偶然性对我们的全部实存以及对这种实存的满足所产生的影响,来进行判断的。但一般说来,也并不完全取决于这一点。人属于感官世界,因此人的理性当然有一个感性的使命,即关怀自己的利益,并为今生的幸福,甚至来生的幸福,制定实践准则。但人毕竟并不完全是个动物,以至于对理性所说的一切漠不关心,或者把理性当作满足其感官需要的工具。因此人在获得这种**自然禀赋**之后,还需要理性,以便随时考察他的**福**与**苦**。但除此之外,其还把理性用于一个**更高的目的**,也就是不仅把它用于思考**善**或**恶本身**,而且把它作为纯粹的、对感性完全不感兴趣的理性去判断善或恶。因此我们必须把这种判断[理性的判断]与前一种判断[感性的判断]区别开来,使之成为前一种判断的**至上条件**。

最后,关于**自由范畴**。康德指出,这里的**自由范畴**有别于前一批判所列的**自然范畴**,其优点是:自然范畴只是一种思维形式,它只是通过一种普遍性概念以不确定的方式给可能的直观指明一个一般客体(一般对象);而相反,这里的**自由范畴**因为其涉及到对自由意愿的规定(这种规定虽然不能有任何直观与之相适应,但却以一个先天的纯粹实践法则为基础),所以它作为实践活动的基本概念,是以在理性自身中,从而在思维能力自身中,作为被给予了的**纯粹意志的形式为基础**的。于是就出现了如下的情况:因为在纯粹实践理性的各种规范中关键只在于对意志的规定而不在于实践能力实现其意图的自然条件,所以先天的实践概念在其与**自由的至上原则**的关联中立刻就成了一种知识(这种知识不期望从感性直观那里获得意义),更确切地说,理由如下:由于先天的实践概念与自由的至上原则是自己产生出它们与之发生关系的东西[即意志的意向(如救命或杀人)]的现实性的,二者根本不是理论概念的事。康德提醒读者注意:下面所列范畴涉及的只是一般的实践理性,因此在它们的秩序中是从道德上尚未确定并且还以感性为条件的范畴开始的,然后逐步向不以感性为条件而完全只由道德法则来规定的范畴推进。

3.纯粹实践理性的动机

这里主要涉及以下几个问题。

(1)**问题的提出**。康德解释说:行为的全部道德价值的本质取决于道德法则直接规定意志。但如果意志的规定仅仅借助于某种情感,并使情感成为意志的充分规定性根据,那么其就不包含道德性。如果把行为的**动机**理解为存在者(人)的主观规定性根据,而这个存在者的理性凭借其天性并不必然合乎客观法则,由此我们应当首先得出如下结论:我们不能赋予上帝的意志以任何动机,但**人类意志的动机**(作为上帝造物的理性存在者的动机)决不能不服从道德法则,如果行为不仅应实现法则的条文,而且还应实现法则的精神(意向),那么行为的**客观规定性根据**就必须始终同时是行为的**主观规定性根据**。所以,为了道德法则,以及为了道德法则对意志的决定性影响,人们不能去寻求其他会抛弃道德法则的动机,因为这样会产生伪善甚至危险。至于这条法则何以独立地直接就是意志的规定性根据(这是一切道德性的本质所在),这是一个人类理性无法解决的问题,就像**意志是何以可能的**一样。[实际上这正是康德的一个先验的没有根据的假设。因为在康德看来,**自由本身是不可知的。因此他说**:但我们**不能证明**自由哪怕在我们自身中和在人的本性中是某种现实的东西；我们只知道我们如果要把一个存在者设想为有理性的、在其行动中赋有自己的原因性意识即赋有意志的，就必须以其为前提（参见康德：《道德形而上学原理》，苗力田译，上海人民出版社2005年版）。]所以我们的问题不是道德法则何以会在我们自身中充当一种动机的根据，而是就其作为一个动机而言在我们心灵中所起的（必然要起的）作用。

（2）**道德法则与情感的关系**。康德指出，由道德法则对意志所做的一切规定，其本质在于：意志作为自由意志，它不但**无须**感性冲动的参与，它甚至**拒绝**所有的冲动，并且它还**瓦解**与上述法则相抵触的一切爱好，所以意志是单纯由法则来规定的。所以道德法则作为**动机**所起的作用只能是否定的，不过这种动机还是能够先天地加以认识的。因为一切爱好和一切感性冲动都是建立在情感基础上的，而对情感（它由爱好而遭到瓦解）的**否定作用**本身也是情感[因为情感的否定作用的反面也是情感的肯定作用]。于是我们就可以先天地看出，道德法则作为意志的规定性根据，由于它损害了我们的一切爱好，而必然会产生被称为痛苦的情感，这样我们就能从概念出发先天地规定**认识**（即纯粹实践理性的认识）与**愉快或不快情感**的关系。而一切爱好合起来就构成**利己主义**，这种利己主义或者是**自爱**，或者是**自满**，前者称为**自矜**，后者称为**自大**。康德认为，纯粹实践理性对自矜只是终止而已，但如果把它限定在与道德法则一致的范围内，就可称之为**合理的自爱**，而对自大则必须完全消除，因为它是一种**非分的要求**，是违背道德法则的。但是道德**法则**毕竟是某种自身肯定[自我肯定]的东西，是理智的因果性，是自由的形式。它是主观性的对立物，与我们心中的爱好相反，从而削弱着自大，因此它就成了**敬重的对象**。

（3）**关于敬重**。根据上面的论述，康德指出：这样，**道德法则**正像它通过纯粹的实践理性而构成**行为**[**本身**]的**形式上的规定性根据**，以及它以善与恶的名义而**成为对象**的虽说是质料上的，但也是客观的规定性根据那样，也是这种行为的**主观根据**，这就是**动机**。因为这种动机对主体的感性活动施加了影响，并产生了一种对法则影响意志起促进作用的情感[道德情感]。但这里，如果在主体中并没有任何与**道德性**相匹配的情感发生，那么这是不可能的，因为一切情感都是感性的，而德行意向的动机却必须是摆脱一切感性条件的。相反，成为我们一切爱好基础的**感性情感**虽然是我们称为**敬重**的那种感受的条件，但对这种情感进行规定的原因（根据）却在纯粹的实践理性之中，所以这种感受（即敬重的感受）由于它不是本能的，因此必定是在实践中产生出来的。由于道德法则的表象排除了自爱的影响和自大的妄想，而减少了纯粹实践理性的障碍，并产生了纯粹实践理性的客观法则优越于感性冲动的表象，因此在对道德行为的**理性判断**中，法则的重量就由于减去了感性刺激的配重而凸现出来。这样，对法则的敬重虽然不是趋向德行的动机，但在主观上被看作是动机的德行本身，只是因为纯粹的实践理性由于拒绝了与它对立的自爱的一切要求，而为唯一有影响的法则取得了尊严。在此应当注意：**敬重**是施加于一个存在者的情感或感性上的作用，它以道德法则让这种存在者的感性来承担这种敬重为前提，从而以这种存在者的感性为前提，这样，对道德法则的**敬重**就不能推给一个至上的或超脱一切感性的存在者，因为感性不可能成为实践理性的障碍。最后康德指出，这种以道德情感为名的**敬重情感**是由理性引起的，它不能被用来评判行为，也不能被用来建立客观的道德法则本身，而只是用来做动机，以便使道德法则自身成为一个准则。它是一种特殊的情感，只能服从于理性即纯粹的实践理性的命令。看来这就是康德的**先验的形式决定论或先验的形式唯心论**的道德观了。

（4）**义务**。康德指出：敬重的法则无非就是道德的法则。而与对法则的敬重情感不同，那在客观实践上按照法则并排除一切出自爱好的规定性根据的**行为**叫作**义务**（Pflicht）。这种义务包含着实践上的强制性，即对于行为的规定，不论这种行为是如何不情愿地发生。康德认为，从强制性意识而来的情感并不像由感性对象所产生的情感那样是本能的，而是实践的，即通过一个先行的、客观的意志规定性根据和理性的因果性（即自由的因果性）而可能的。因此这种情感作为对法则的服从，即作为命令，并不包含任何快乐，相反却包含了附着于行为的不快。不过这种**情感**由于其强制性是通过理性的立法才施行的，因而有所提升，这就叫作自我批准，其因此并赢得了敬重这一名称。

于是义务概念客观上要求行为与法则相符，主观上要求行为的准则对法则的敬重，这就是法则规定意志的唯一方式。于是就有了**合乎义务**而发生的行为的意识与**出于义务**（即出于对法则的敬重）而发生的行为的意识之间的区别，前者是合法性（合法则性），后者是道德性（合道德性）。

康德说，在一切道德评判中最重要的是：以极大的精确性注意到一切道德准则的主观原则，以便把行为的一切道德性建立在出于义务和出于对法则的敬重的必然性上，而不是建立在对行为结果的喜爱和好感的必然性上。对于人和一切被造的理性存在者来说，道德的必然性就是强制性，即责任，而建立于其上的行为就是义务。

还有,康德宣称:道德法则对于一个**最高最完善的存在者**的意志来说是一条神圣的法则,但对每个**有限的存在者**的意志来说则是一条义务的法则,道德强制的法则,以及是通过对这一法则的**敬重**和出于对自己义务的**敬畏**而规定他的行为的法则。因此人们不应把另外的主观原则设定为**动机**。

(5)**道德命令**。康德指出,有这样一条可能的命令与道德法则完全一致,这就是:爱上帝甚于一切,爱你的邻人如爱你自己。康德认为这种提法是不恰当的,他的评论概括起来是以下三点:首先,对上帝的爱(爱好)是不可能的,因为上帝不是感官的对象,对人当然可以这么说,但这不能成为命令;其次,爱上帝、爱邻人可以成为规则的命令,但不能命令人在合乎义务的行为中具有这种意向,只能命令人们努力去追求它,只能把它作为一个范本,所以单纯对法则的爱虽然可以作为**神圣性的道德性**在**主观上**永远努力去争取,但却是一个不可能达到的目标,因此就不再是**德行**了;最后,人作为一种被造物永远不能摆脱欲望和爱好,因此人很难被**强制**去做出牺牲做其不完全乐意做的事情。[看来"毫不利己、专门利人"的雷锋精神是永远也做不到的。]

(6)**人格**。首先,康德指出,义务是个崇高伟大的字眼,义务要求人们去服从道德法则,而面对道德法则,即使一切爱好暗中抵制也都哑口无言,那么你的可敬究竟来自哪里?

康德回答说,这就是把人类提升到其与只有纯粹知性才能思考的事物秩序联系起来的东西,正是这种知性主宰着感官世界,这种东西不是别的,就是**人格**。人格就是摆脱了整个自然的机械作用的自由和独立。而这种自由与独立又被看作是存在者服从于自己创立的实践法则的能力。人属于两重世界:**感官世界**与**理智世界**。个人作为感官世界的人就其同时属于理智世界而言,则服从于他自己的人格,但同时他又不能不对其属于第二世界的天职怀有敬重,并服从其法则。

接着康德指出,道德法则是神圣不可侵犯的。人虽然不够神圣,但个人的人性对他来说却必然是神圣的。在全部造物中,人们想要的和能够控制的一切都只能作为手段来使用,只有人连同人在内的所有有理性的造物才是目的本身。[人是目的本身,说得多好啊!]因为人凭借其自由的自律是那本身神圣的道德法则的主体。

康德继续说,这种激起人们敬重人格的理念让我们看到了我们本性(就其使命而言)的崇高性。当然我们也注意到我们的一些行为与它有欠合之处,这就消除了自大。我们也看到,一个正直的人为了保住自己的人格,当他陷入生活的巨大不幸时,只要他摆脱他的义务,就可以避免这种不幸,但他却挺住了,使他保住了个人心中的人性尊严。这时他仅仅由于义务还活着,而不是由于对生活感到丝毫的乐趣。当然这不是幸福。

(7)**最后的结论**。康德指出,纯粹实践理性的**真正动机**就是纯粹的道德法则本身,只要这法则让我们自己的感性实存的崇高性(即德行),并让人们在主观上意识到自己因对本能的感性刺激的依赖而引起了对自己更高的道德使命的敬重。但说到**义务**,它的尊严与生活享乐并不相干,它有自己特殊的法则,如果把二者搅在一起,前者就不起作用,即便肉体的生活能从这种搅和中获得某些力量,那么**道德生活**就会不可救药地衰退下去。

4.纯粹实践理性辩证论

这里康德套用《纯粹理性批判》的固有模式也提出了一个**辩证**

论,不过已不是纯粹理性的理论应用的辩证论,而是实践应用的辩证论,实际是**道德的辩证论**。主要内容有如下三点。

（1）**纯粹理性在规定至善概念时的辩证论**

康德道德哲学所追求的最终目标是至善。但康德指出：**至上概念有两重含义,它既可指无上,也可指完满**。前者是指最高的、本身无条件的东西;后者指一种最大的整体,本身不再是另一个整体的一部分。分析论已经证明：**德行**（作为**配得到幸福**资格的东西）是所有值得我们向往的以及谋求一切幸福的努力的无上条件,因而是**无上的善**;但这种德行还不就是作为有限理性存在者欲求能力之对象的全部而完满的善,为成为这种善还得有**幸福**,而这种幸福不仅是个人的偏私需要,而且也是一般人的无私的理性判断的需要。这样就遇到了德行与幸福的矛盾,从而形成了二律背反。这里的核心问题是两个概念的联结,如康德所说：在一个概念里必然地联结起来的两个规定必须是作为根据与结果才能联结在一起的,而这种联结的统一体,要么依据同一律被看作是分析的（逻辑的联结）[这就是"分析的统一"],要么依据因果律被看作是综合的（实在的联结）[这就是"综合的统一"]。这样,**德行**与**幸福**的联结就可以做如下两种理解,或者是：努力成就德行与合理谋求幸福并非是两种不同的行为,而是完全同一的行为,因为两个行为是以同一个准则为根据的[这是分析的统一];或者是：两者处于这样的关系中,即德行把幸福当作某种与德行意识不同的东西产生出来,就像原因产生结果一样[这是综合的统一]。

（2）**这种二律背反的表述**

在实践的即必须通过我们的意志而使之实现的**至善**中,德行与幸福必须被设想为必然地结合着的,以至一方若没有另一方同时归属于至善,就不能被实践理性所接受。现在,要么是分析的,要么是综合的。但既然如前所述,这个被给予的结合不可能是分析的,那就只能被设想为是综合的,即被设想为**原因与结果的联结**:因为这种联结涉及到一种**实践的善**,即通过行为而可能的善。所以在这里,要么对幸福的欲求必须是德行准则的动因[即**幸福欲**决定**德行准则**],要么德行准则必须是对幸福起作用的原因[即**德行准则**决定**幸福感**]。前一种情况是**绝对不可能的**,因为(分析论中已经证明)把意志的规定性根据置于对幸福的渴求之下的准则,是不道德的,也不能为道德建立基础。但后一种情况也是不可能的,因为在**现世**中作为意志规定的后果,作为因果的实践联结,不可能取决于意志的道德意向[即不取决于主观意愿],而是取决于对自然法则的认识以及把这种认识应用于自己意图的身体上的能力[换言之取决于自然法则],所以不能指望在现世通过对道德法则的严格遵守,而实现幸福与德行之间的任何必然的和足以达到至善的联结。那么,既然至善在其概念中包含着这种联结,而**对至善的促成**又是我们意志的一个先天必然的客体,而且至善与道德法则不可分割地联系着,所以前一情况的不可能就必然证明了后一种情况的虚妄[就是说,既然由**幸福欲**来决定**德行准则**是绝对不可能的,那么由**德行准则**决定**幸福感**也必然是**不可能的**]。所以如果**至善**按实践规则是不可能的,那么命令人们促进至善的那样一条**道德法则**也必定会流于幻想,指向空洞想象的目的,因而其本身就是虚妄的。[这样纯粹的实践理性就陷入既承认道德法则的决定性作用,又不承认其决定性作用的因果性的自相矛盾。]

(3)**实践理性二律背反的扬弃**

首先,在实践原理中,在**德行意识**与对作为德行的后果并与其配比相当的**幸福的期望**之间，一种自然而必然的结合至少可以设想为是可能的；相反，谋求幸福的原理要产生出德行是不可能的，因此那无上的善[作为至善的第一个条件（即要素）]，就是德行，反之幸福虽是至善的第二个要素，但却是以德行为条件的，但它毕竟是德行的必然后果。**其次**，只有在这种**隶属关系**中，**至善**才是纯粹实践理性的整个客体，这样，纯粹实践理性必须把这个至善**表象**为可能的，因为竭尽可能促进至善的实现，是纯粹实践理性的一个命令。**最后**，由于有条件者与其条件[无条件者]的这种结合的可能性完全属于事物的超感性关系，按照感官世界的法则是根本不能被给予的，哪怕这个理念[至善]的**实践后果**是以实现至善为目标的**行为**，是属于感官世界的。所以我们将努力去阐述这种联结的可能性根据，首先是从我们直接力所能及的东西做起；其次是**通过**理性来弥补我们在至善的可能性上的无能为力，而（按照实践原则必然）呈献给我们的，又为我们力所不及的东西去做。

以此看来，康德对彻底解决纯粹实践理性的二律背反尚无信心，困难一直留到今天而未能得到解决。

5. 纯粹实践理性方法论

像在《纯粹理性批判》中一样，这里康德也开设了"方法论"专题，最后他感慨地说："有两样东西，人们越是经常持久地对之凝神思索，它们就越是使心灵常新而日增惊奇和敬畏：**我头上的星空和我心中的道德律**。对这两者，我不可当作隐蔽在黑暗中或是夸大其词的东西，到我的视野去寻求和猜测；我看到它们就在我眼前，并且它们与我的存在意识直接联结起来。"他接着说："前者从我在外部感官世界中所占据的位置开始，并把我身处其中的联结扩展到世界之上的世界、星系组成的星系这样的恢宏无涯，此外还扩展到它们的循环运动及其开始和延续的无穷时间。后者从我的不可见的自我、我的人格开始，并把我呈现在这样一个世界中，这个世界具有真实的无限性，但只有对于知性才可以察觉到，而且我认识到我与这个世界（**理智世界**）[但由此同时也就与所有那些可见世界（**感官世界**）]不是像在前者那里只是处于偶然的联结中，而是处于普遍必然的联结中。不过前者那个无数世界堆积的景象，仿佛取消了我作为一个动物性的被造物的重要性，这种被造物在它（我们不知道怎样）被赋予了短时间的生命力之后，又不得不把它曾由以形成的那种物质还给这个（只是宇宙中的一个点的）星球。相反，后一种景象则把我作为一个理智者的价值通过我的人格无限地提升了，在这种人格中道德律向我展示了一种不依赖于动物性，甚至不依赖于整个感官世界的生活，这些至少都是可以从我凭借这个道德法则而存在的合目的性使命中得到核准的，这种使命不受此生的条件和界限的局限而进向无限。"

这段精辟的格言，说得太好了，康德真不愧是位自由主义者。

三、《判断力批判》

康德最初在《纯粹理性批判》的方法论——纯粹理性的建筑术中把形而上学区分为两个密切联系的部分，即**自然形而上学**（理论哲学）与**道德形而上学**（道德哲学），前者来自于**纯粹知性**，后者来自于**纯粹理性**，两者之间却有一道不可逾越的**鸿沟**。后来他发现了构成知性与理性的中间环节——**判断力**，它能够把**知性**与**理性**联结起来，于是他开始了对判断力的艰苦的批判性研究,因此也就有了这部逻辑**严密**、思想**深邃**的《判断力批判》。现在我们就来看一下该书的基本结构与内容。

《判断力批判》由两大部分构成:审美判断力批判与目的论判断力批判,这里我们主要介绍审美判断力批判,因为它构成全书的主体与核心。它的基本构成是以下几部分。

(一)美的分析论——鉴赏判断

康德按四个契机(或角度、要素、特征)来考察美。

1.鉴赏判断按质来看的契机——美的质的规定性

康德一反范畴表的顺序首先从质的角度给美下定义:"**鉴赏是通过不带任何功利的愉悦或不悦而对一个对象或一个表象方式做出评判的能力。这样一种愉悦的对象**就被称作是**美的**。"

下面是康德从五个方面来分析的**美的性质**。

(1)(第1节)"**鉴赏判断是审美的**。"他说:"为了辨别某物是**美**还是**不美**,我们不是通过知性把某物的表象[这里的表象是指概念]与客体联系起来去加以认识,而是通过**想象力**(也许还与知性结合起来①)把某物的表象[这里的表象则是指感性直观]与主体及其愉快或不愉快的情感联系起来[去加以辨别]。"

(2)(第2节)"**那规定着鉴赏判断的愉悦是没有任何功利的**。"这意思是规定着鉴赏(审美)判断的那种美的情感(美感)是没有功利

---

① 康德认为,在一个认识中感性与知性的协调一致就是美。

性的，因此他在这里宣称："每个人都必须承认，对美的判断只要含有丝毫的功利感，就会是有私心的而不是纯粹的鉴赏判断了。"

（3）（第3节）**"对快适的愉悦是与功利相联结的。"**这里康德首先把美感与感官的快适（快感）区别开来。

（4）（第4节）**"对善的愉悦是与功利相联结的。"**这是明显的，因为对康德而言，做善事总要追求一个目的，这个目的则是一个客体，而客体是以概念为引导的，换言之是概念使客体成为可能的。

（5）（第5节）**"三种不同特性的愉悦的比较。"**根据上面的分析，对快适的愉悦、对美的愉悦以及对美的愉悦三者的区别就显而易见了。

这里按康德的说法，美按照质，主要表现为"纯粹的非功利性"，至于为什么先从质的角度来考察美，康德并没有完全说清楚。

2. 鉴赏判断按量来看的契机——美的量的规定性

我们先看康德给美下的第二个定义："凡是没有概念而令人喜欢的东西就是美的。"这个定义含有以下几层意思。

（1）（第6节）**"美是一种无须概念而作为一个普遍愉悦的客体而被表现出来的东西。"**

康德论证说："这个关于美的说明［即标题中的定义］是从上面关于美的非功利性说明中推导出来的。这种推论是：一个东西，如果某人意识到对它的愉悦是没有任何功利的，它对这个东西就只能做这样的评判，即这个东西必定含有一个使每个人都愉悦的根据。因为既然这种愉悦既不是建立在主体个人的爱好之上，也不是建立在另外考虑的功利之上，而是判断者感到对对象的愉悦的产生是完全自由的，所以他不可能把他个人的私人条件当作这种愉悦的根据，因而这种愉悦必须被看作同时也是在每一个人那里预设为有根据的东西。"这样就从美感无功利性推出美感的非个性,再推出美感的普遍性,这是形式逻辑的非此即彼的推论法。

(2)(第7节)"按上述特征把美誉快适以及善加以比较。"这里康德令人信服地分别论述了快适、美和善的特点。

(3)(第8节)"愉悦的普遍性在鉴赏判断中只表现为主观的。"康德指出:关于美的鉴赏判断要求每个人在一个对象上感到愉悦,但却不依靠概念而要求**普遍的有效性**,这就是某物被宣称为是**美的**这样一个判断。而在快适的判断方面,每个人都可以有自己的看法,没有人会指望别人赞同他[自己]的[所谓的]**鉴赏判断**,而这种别人也赞同的情况在关于美的鉴赏判断中却是时刻都在发生的。而且康德认为,一个客观的普遍有效的判断也总是主观上普遍有效的,这是指:如果一个判断对包含在某个概念下的一切东西都有效,那么它对每个用这个概念表示一个对象的人也都是有效的。

(4)(第9节)"需要研究的问题:在鉴赏判断中愉快的情感先于对对象的评判还是后者先于前者。"康德的结论是:在一个鉴赏判断中表象方式的主观普遍可传达性,无非是想象力和知性**自由游戏**中的**心灵状态**(这种心灵的自由游戏正是人类心灵的天性),所以在对对象或对象由以被给予出来的表象的纯主观的(审美的)评判中,其就**先于**对对象的愉快情感[美感]而出现了。这里康德强调的是:在鉴赏判断中想象力与知性所进行的自由游戏先于美感,目的是突出鉴赏判断中人的心灵活动的自由本性。这里可以看出康德美学的自由主义色彩。这一点是必须深刻领会的。

3.鉴赏判断按照目的关系来看的契机——美的目的性因果关系

的规定性

这里主要是以下几点：

（1）（第10节）"**一般合目的性**。"康德下定义说："**目的**就是**一个概念**[所指]的**对象**，只要**这个概念**被视为那个对象的**原因**（即对象的可能性的实在根据）；而一个概念的**因果性**就对其客体[即对象]来说是**合目的性的**。"

（2）（第11节）"**鉴赏判断只以一个对象**（或它的**表象方式**）的**合目的性的形式为根据**。"这里康德宣称："除了在一个**对象的表象**中的**主观合目的性**外，再没有任何其他的[不论是**客观的**（在善中）还是**主观的**（在愉悦中）]**目的**，所以那种被我们判定为不通过概念而能**普遍传达的愉悦**，就构成了鉴赏判断的**规定性根据**，由此就只还有[审美的]对象借以被给予我们的**那个表象**中的[主观]合目的性的**单纯形式**，如果我们能意识到这种**形式**的话。"这样康德就推出了鉴赏判断的主观合目的性的形式的规定性根据，即形式根据，这正好体现了他的先验的**形式主义**即**主观形式决定论**的美学思想。

（3）（第12节）"**鉴赏判断基于先天的根据**。"这里康德声称："在一个对象借以被给予的**表象**那里，对主体诸认识能力的[自由]游戏中的**单纯形式的合目的性意识**就是**愉快本身**，因为这种**意识**在一个**审美判断**中包含着主体在激发其认识能力方面的**活动性的规定性根据**，因而包含着一般认识能力方面的，但却不被局限在一个确定知识[如：这草地是绿的]上的某种**内在的因果性**（这种因果性是合目的的），因此包含着一个表象的**主观合目的性的单纯形式**。"这样康德就推出了鉴赏判断的先天根据，这就是先天的"**主观合目的性的单纯形式**"即先天的"**形式的合目的性**"根据，这里充分表露了康德的主观形式主义的美学思想。

（4）（第 17 节）"美的理想。"这里康德宣布："美，要想从中寻得一个理想，那就应当不是**模糊的美**，而应当是由一个关于客体的**合目的性概念**所固着的美[即依附的美]；因此这种美[美的理想或理想的美]必定不属于一个**纯粹鉴赏判断**的客体，而属于一个**部分智性化了的鉴赏判断**的客体。唯有在自身中就具有自己**存在的目的**的东西，即**人**，他通过**理性**自己给自己规定一个**目的**[这是内在的追求]，或者，当他必须从外部知觉中拿来这些目的[这是外在的榜样]时，能把它们与本质的和普遍的目的放在一起加以对照，并因而能审美地评判这**两种目的**[内在的与外在的]的协调一致。因而只有这样的人[即有内在追求与外在榜样的人]，才能成为美的一个理想，就像人在其人格中，作为一个理智者，才能成为世间中一切对象的**完善性理想**一样。"

4. 鉴赏判断按照对对象的愉悦的模态来看的契机——美的模态的规定性

这里主要是以下一点。

（第 18 节）"**鉴赏判断的模态**。"康德在提到模态中的可能性、现实性与必然性时声称："这里的**必然性**是一种**特殊类型**：它既不是理论的[知性的]客观必然性……也不是实践的[理性的]必然性……相反，这种必然性作为**审美判断**中所设想的必然性，只能被称为**示范性**的，即一切人对于一个被看作是某种无法指明的普遍**规则**的实例的判断加以赞同的**必然性**。因为一个审美判断并不是任何客观的和认识的判断，所以这种**审美判断的必然性**不可能从一个确定的概念中推导出来，故而也不可能是无可置疑的。同时，这种必然性更不可能从经验的普遍性中推导出来。因为任何判断的必然性概念都不可能以经验性判断为基础。"这样，从模态看，鉴赏判断的**必然性**就只能是示范性的**主观原则**，即下面要说的**主观共通感**。

（二）崇高的分析论——来自精神情感的判断

这里首先是一般性说明（第 23 节）：首先康德认为："美有一点是与崇高一致的，即两者本身都是令人喜欢的。还有，两者都既不是以感官来规定的，也不是以逻辑来规定的判断，而是**以反思的判断为前提的**。"其次他认为："美与崇高两者的区别也是显著的。**自然美涉及到对象的形式**，而这种形式[的功能]在于**限制**；反之，崇高倒可以在无形式的对象上看到，只要在这个对象身上，或通过对对象的诱发而表现出无限制，同时又联想到整个无限制的总体[这样**崇高的对象就是一个无形式又无限制的总体**]：这样，美似乎被看作不确定的**知性概念**的表现，而**崇高**却被看作某个不确定的**理性概念**的表现[**可见美与知性概念相关，崇高与理性概念相关，认清这一点很重要**]。所以**愉悦**在美那里[**这就是对美的愉悦**]是与**质**的表象相结合，而在崇高那里[**这就是对崇高的愉悦**]则是与量的表象相结合。甚至就**种类**而言，**两种愉悦**也是大不相同的：因为美直接带有一种**促进生命的情感**，所以可以与魅力以及某种游戏性的**想象力**结合起来；而**崇高的情感**[**即对崇高的愉悦情感**]却仅仅是一种间接产生的愉快，因此它是通过**生命力**的一种**瞬间阻抑**，以及紧跟而来的生命力的更为**强烈的涌流**之感而产生的，所以**崇高的情感**作为**感动**并非是游戏，而像是**想象力**工作中的**严肃态度**[**可见崇高的情感也依赖于想象力的工作**]。因此崇高也不能与魅力结合，而且由于心灵不但被对象所吸引,而且也交替地一再被对象所拒斥,因此对崇高的愉悦与其说包含着积极的愉快,不如说包含着**惊叹**或**敬重**,也就是说它应该被称为**消极的愉快**[即否定性的愉快]。"而关于真正的崇高:这里我们马上就会看出,当我们把任何一个自然对象称为崇高的时候,这样的表达是根本不对的,尽管我们可以正确地把这类对象称为美;因为一个自身被表现为**反目的**的东西怎么能用一个赞许的词句来称呼呢? 这里我们能说的不过是:作为对象,它适合于表现一个可**在心灵中发现的崇高**;因为真正的崇高不能包含在任何感性的形式中,而只针对**理性的理念**:这些**理念**虽然不可能有与之相适合的任何**表现**,却正是通过这种可以在感性上表现出来的不适合性而被激发起来,并被召唤到心灵中来的。所以辽阔的、被风暴所激怒的海洋不能被称为崇高,相反它的景象是令人**恐怖**的;但如果我们的心灵要通过这样的一个直观而配之以某种本身是**崇高的情感**,那么我们就已经用好些理念充满了心灵,这时心灵就被鼓动着离开感性[直观]而专注于那些包含着更高合目的性的理念。

接着康德也从四个角度或四个方面考察崇高,不过顺序略有不同。

(1)(第26节)**从量来看的崇高——崇高的量的规定性**。康德认为:对数学的估量而言没有最大的东西,但对审美大小的估量而言却有最大的东西。如果把审美中的最大评判为绝对的尺度,主观上(对评判者而言)就不可能有任何比它更大的尺度了,那么就会**导向崇高的理念**,并会产生一种**感动**,这种感动不能由数学上大小的估量来引起,因为数学的估量永远只能表现出**相对的大小**,而**审美的估量**却表现出**绝对的大小**,只要心灵能在一个直观中把握它。

（2）（第 27 节）**从质来看的崇高——崇高的质的规定性**。康德认为崇高的情感来自于敬重，而"感到我们的能力不适合于到达对我们来说是法则的理念的**那种情感**，就是**敬重**"。对康德来说："**崇高的情感**［即崇高感］是由于**想象力**在**对大小的审美估量**中不适合于**通过理性**对大小的估量而产生的**不愉快感**，但同时又是一种**愉快感**，这种愉快感的唤起恰恰是由于对**最大感性能力**（指想象力）的不适合性所做的这一评判，就其对理性理念的**追求**对我们来说毕竟是**一种法则**而言，其又是与理性的理念协调一致的。"这是因为："对我们而言是一种**法则**并属于我们**使命**的是，把大自然作为感官对象所包含的一切，对我们而言是**大的东西**，在和理性的理念相比较时都被估量为是**小的东西**；而同时，凡是在我们心中所激起的、超感官使命的**情感**的那种东西，与那个**法则**又是协调一致的。"于是："**想象力**在体现那个大小的估量单位时所做的最大努力，就是与某种**绝对大**的关系，同时也是与把这个绝对大设定为大小估量的唯一最高尺度的理性法则的关系，所以对一切感性尺度与理性对大小的估量不相适合的**内部知觉**，就［等于］是与理性法则**一致**，并且是一种**不愉快**，［而正是］这种不愉快在我们心中激起对我们的超感官的使命的情感，而按照这种使命，发现任何感性的尺度都与理性的理念不相适合，这是合目的性的，因而是**愉快的**。"康德曾描述说："崇高是按其规模和程度来说都能引起崇敬之感的那种伟大（令人畏惧的大），它吸引人（以便用自己的力量去衡量它），但人在他自己的评估中与那伟大相比时因自己极其渺小而感到的恐惧同时又使人不敢接近它（例如，我们头上的惊雷或高耸荒凉的山峰）；但如果人自己身处安全之地，把他自己的力量聚集起来去把握那种显象，同时又担心它的伟大不可企及，这时就会激起惊赞之感（由持续不断地战胜痛苦而产生的一种愉快的情感）。"

（3）（第28节）从一种关系来看的崇高——崇高的关系规定性。康德认为崇高感来自于一种**威力**，他说："**威力**是一种超过很大障碍的**能力**。这同一个威力，当它又超过那本身具有威力的东西的抵抗时，就叫作**强制力**。而**自然界**，作为审美判断中的威力，而又被看作是对我们没有强制力时，就是**力学上崇高的**。"因此他断言："崇高不包含在任何**自然物**中，而只包含在我们的**心灵**中，如果是**我们能够意识到我们之内的自然**，并由此也［意识到我们之内的自然］对**我们之外的自然**（只要它影响到我们）占有**优势**的话。这样一来，一切在我们心中**激起**这种情感——为此就需要激起我们的种种能力的**自然威力**——的东西，都可称之为（尽管是非固有的）**崇高的**；而只有在我们之内的这个理念的前提下并与其相关联时，我们才能达到这样一个**存在者**（上帝）的**崇高性理念**，这个**存在者**不仅仅是通过它在自然界中所显示的威力而在我们心中产生内在的敬重，而且还更多地是通过置于我们心中的、毫无畏惧地评判**那种威力**，并将我们的**使命**思考为超越于这种**威力**之上的那个**能力**，来产生这种**敬重**的。"

（4）（第29节）从模态来看的崇高——崇高的模态规定性。康德称："对自然界崇高的判断……是在**人的本性**中，即在人们能够凭借健全知性同时向每个人建议的并且能够向自己所要求的东西中有其根基的。""这样一来，在这上面就建立起别人对我们关于崇高的判断的**赞同之必然性**，这种必然性是我们同时一起将其包含在这个判断中的。……由于其中的判断力是把想象力与作为理念能力的理性相联系，因此我们就只是在某种主观前提下（但我们相信自己有权就这个主观前提向每一个人提出建议）才提出这种要求，也就是说，在道德情感的前提下提出这种要求,因而也就把**必然性**赋予了这种审美判断。"

（三）纯粹审美判断的演绎——美的艺术

像在《纯粹理性批判》中安排了原理论的证明一样,《判断力批判》也安排了"纯粹审美判断的演绎",分量很大,占了 24 节,其中主要论述了"美的艺术",现简单介绍如下。

（1）（第 43 节）**一般的艺术**。康德认为"就形态而言,艺术美甚至胜过自然美",他给**艺术**下定义说:"我们……把通过自由而生产,即通过以理性为其活动基础的某种任意性而进行的生产,称之为**艺术**。"又说:"如果我们把某物绝对地称为一件艺术品,以便把它与自然的产物区别开来,那么我们就总是把它理解为一件人的作品。"这里康德突出了艺术创作的人本主义与自由主义思想。

（2）（第 51 节）**美的艺术的划分**。这里康德首先给美下了一个一般性的经典定义:"我们可以**一般地把美**[无论是**自然美**还是**艺术美**（也包括**崇高的美**）]称为对**审美理念的表现**。"这个定义与黑格尔给美所下的定义"美是理念的感性显现"有异曲同工之妙。接着康德区分了三种艺术:语言艺术、造型艺术、感觉游戏艺术,但他在别处(第 14 节)谈到造型艺术时说:"在绘画中,雕刻艺术中,乃至在一切造型艺术中,在建筑艺术、园林艺术中,就它们为**美的艺术**[即艺术美]而言,[体现纯形式的]**素描**都是根本性的东西,在素描中,不是通过其感觉而使人快乐的东西,而是通过其**形式**而使人喜欢的东西,才构成了鉴赏的一切**素质**的基础。而使轮廓生辉的颜色则属于魅力(即刺激),

它们虽然使对象的感觉生动起来,但不能使其值得观赏和使其成为美,不如说它们大部分是受到**美的形式**所要求的东西限制着的,即使在魅力被容许的地方,它们也只是由于**美的形式**才变得高贵起来。"这就是康德关于**形式主义艺术美**的**经典表述**了。

(四)审美判断力的辩证论

这里也像在《纯粹理性批判》中一样设置了辩证论。主要内容如下。

1.鉴赏判断的二律背反

它们是:

(1)正题。鉴赏判断不是建立在概念之上的;因为否则[即如果是建立在概念之上]对它就可以争辩了[即可以通过证明(而证明需要概念的参加)来判定]。

(2)反题。鉴赏判断是建立在概念之上的;因为否则[即如果不是建立在概念之上]尽管这种判断有差异,对此也根本不可能进行争执[即要求别人必然赞同这一判断(因为没有概念争执就不能进行)]。

2.鉴赏判断的二律背反的最后解决

正反两个都是真的。

总之,康德的《判断力批判》是一本非常有价值又非常难读的书,它带给我们的精神享受是无与伦比的,而如果我们把它放在三批判书的整个体系中去把握,那么肯定会更有益处。

主要参考文献

［1］［德］康德. 判断力批判［M］. 邓晓芒, 译. 北京：人民出版社, 2002.

［2］［德］康德. 判断力批判（上卷）［M］. 宗白华, 译. 北京：商务印书馆, 1964.

［3］［德］康德. 纯粹理性批判［M］. 邓晓芒, 译. 北京：人民出版社, 2004.

［4］［德］康德. 实践理性批判［M］. 邓晓芒, 译. 北京：人民出版社, 2003.

［5］［德］康德. 实用人类学［M］. 邓晓芒, 译. 重庆：重庆出版社, 1987.

［6］［德］黑格尔. 美学［M］. 朱光潜, 译. 北京：商务印书馆, 1979.

［7］［英］鲍桑葵. 美学史［M］. 张今, 译. 桂林：广西师范大学出版社, 2001.

［8］朱光潜. 西方美学史［M］. 北京：人民文学出版社, 1963.

［9］马克思. 1844年经济学—哲学手稿［M］. 刘丕坤, 译. 北京：人民出版社, 1979.

［10］［德］康德. 康德美学文集［M］. 曹俊峰, 译. 北京：北京师范大

学出版社,2003.

[11]曹俊峰.康德美学引论[M].天津:天津教育出版社,2001.

[12]蒋孔阳.美学新论[M].北京:人民文学出版社,2006.

后　记

　　康德的《判断力批判》(即康德美学)是康德三批判书中最重要的一本书,这不仅是因为它构成了《纯粹理性批判》(理论哲学)与《实践理性批判》(实践哲学)的中间环节,使康德完成了他的纯粹理性批判体系,使康德哲学以其完整的文本登上了近现代西方哲学的最高峰,为人类留下了一份无比珍贵的文化遗产,而且还因为它回答了理性的最高追问,即"人是什么"的问题,找到了理论哲学与实践哲学的共同基础即人学或人本学,这对当今弘扬马克思主义哲学人本学也具有非凡的意义。再有,该书也是康德三批判书中最难的一本书,这不仅是因为该书结构庞大而且复杂,它不但分为上下两卷,而且包含篇幅很大的序言和导言,更重要的是它的高度严密的逻辑和极其抽象的思辨,读起来简直让人如入十里云雾之中,但其深思熟虑的哲理又令人倾倒和陶醉。因此反复阅读该书,简直是一种享受。这里笔者想到马克思的一句名言:在科学的道路上,是没有平坦的大路可走的,只有在那崎岖小路上攀登的不畏劳苦的人们,才有希望到达光辉的顶点。但据笔者观察,现在一些所谓的"学者"、"专家"不仅不想刻苦读书,反而迷恋于弄虚作假、自欺欺人、误人子弟,此风不灭,科教兴国和科技兴国就成了一句空话。联系起康德的书来,但愿学人都能牢记马克思的教诲。

至于本《解读》，笔者不敢妄自标新立异，但自认也有一些特点。首先，笔者是站在马克思《1844年经济学哲学手稿》的高度上，对康德的人本主义美学进行"解读"的。这里突出了马克思"自然的人本主义"与"人的自然主义"的辩证统一思想，而不单是纯技术性的解释。其次，本《解读》突出了康德的人与自然的和谐统一思想（即中国古代先哲的"天人合一"思想），这对目前我国大力保护生态环境和治理环境污染的国策是有借鉴意义的。最后，笔者给予了康德美学充分的肯定，不仅批驳了学界贬康扬黑的传统，而且为康德的折中主义和调和主义正名，这很可能会遭到一些人的反对。但笔者相信学术自由是马克思主义的一项原则，让人们随意评论去吧，那是他们的自由。笔者欢迎专家学者们的批评，更愿意与大家平等交流，共同把康德哲学研究向前推进。

再者，笔者在黑龙江大学从事康德哲学教学与研究多年，已于2010年出版了《康德〈纯粹理性批判〉文本解读》一书（黑龙江大学出版社）。本书在黑大校领导的支持下出版，这里谨致深切的谢意。还要特别感谢本书的责任编辑林召霞，她为本书的修订出版付出了很多的心血。出版本书的用意是为初学者提供一本入门的参考书，不妥之处还望专家学者指正。

郭立田

2016年1月